解きながら身につける

大人の語彙力

KUMON

「あれ、この漢字どう読むんだっけ？」
「ニュースでよく聞くこの熟語、
どんな意味だっけ？」
そんな、言葉の疑問、
間違えやすい日本語の
問題を集めました。
本書は、誰もが身につけたい、
日常生活に必要な語彙力や国語の教養を、
手軽に楽しく、問題を解きながら
身につけることができる
大人のワークブックです。

本書の特長

大人のつまずき問題を中心に集めました

私たちがつい間違えてしまう身近な言葉の問題や、大人の常識として知っておきたいことがらについて、テーマ別に取り組みます。

「まるこさんのアドバイス」を参考に

漢字や文法の知識、考え方のヒントなどを「まるこさんのアドバイス」で得ることができます。参考にしながら、問題を解きましょう。

1日20問、15分から

1回の学習は2ページ(20問)です。毎日、約15分の学習時間で第54日まで、楽しみながら学ぶことができます。

本書のナビゲーター

まるこさん

三十年余り、小・中・高校の国語教材を多数制作してきた、ベテラン編集者のまるこさん。本書では、まるこさんが経験から学んだ大人のつまずき問題や常識問題を選りすぐって出題しています。時に優しく、時に厳しく、学習者のみなさんにアドバイスします。

本書の使い方

ノートなどを用意しなくても取り組める、書き込み式のワークブックです。間違えた問題は、もう一度取り組んで100点をめざしましょう。

正解した問題にチェック☑するなど、チェックボックスを活用しましょう。

学習テーマ別に1日20問(2ページ)に取り組みます。

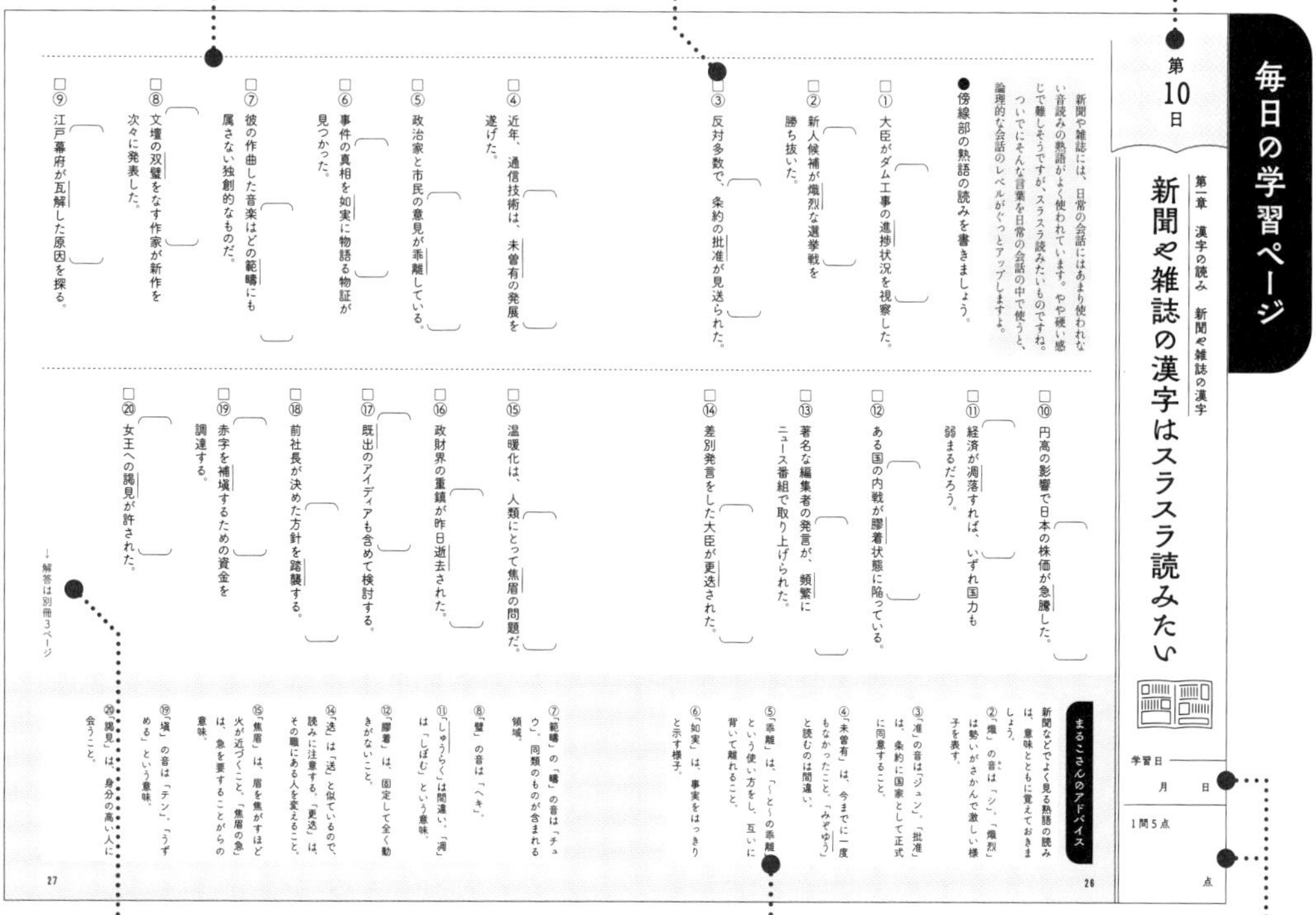

解き終えたら、別冊解答書で答え合わせをします。解答書は巻末にのり付けされているので取り外して使います。

つまずきやすい問題は、「まるこさんのアドバイス」をヒントに解き進めましょう。

学習前に学習日を、答え合わせ後には得点を、書き込みます。

20問のうち、何問正解できたか、巻末の記録表(126・127ページ)に正解数を書き込みましょう。

各章の問題を解いたら「チャレンジ問題」で力だめしをしてみましょう。**解答**と**解説**は別冊解答書にあります。

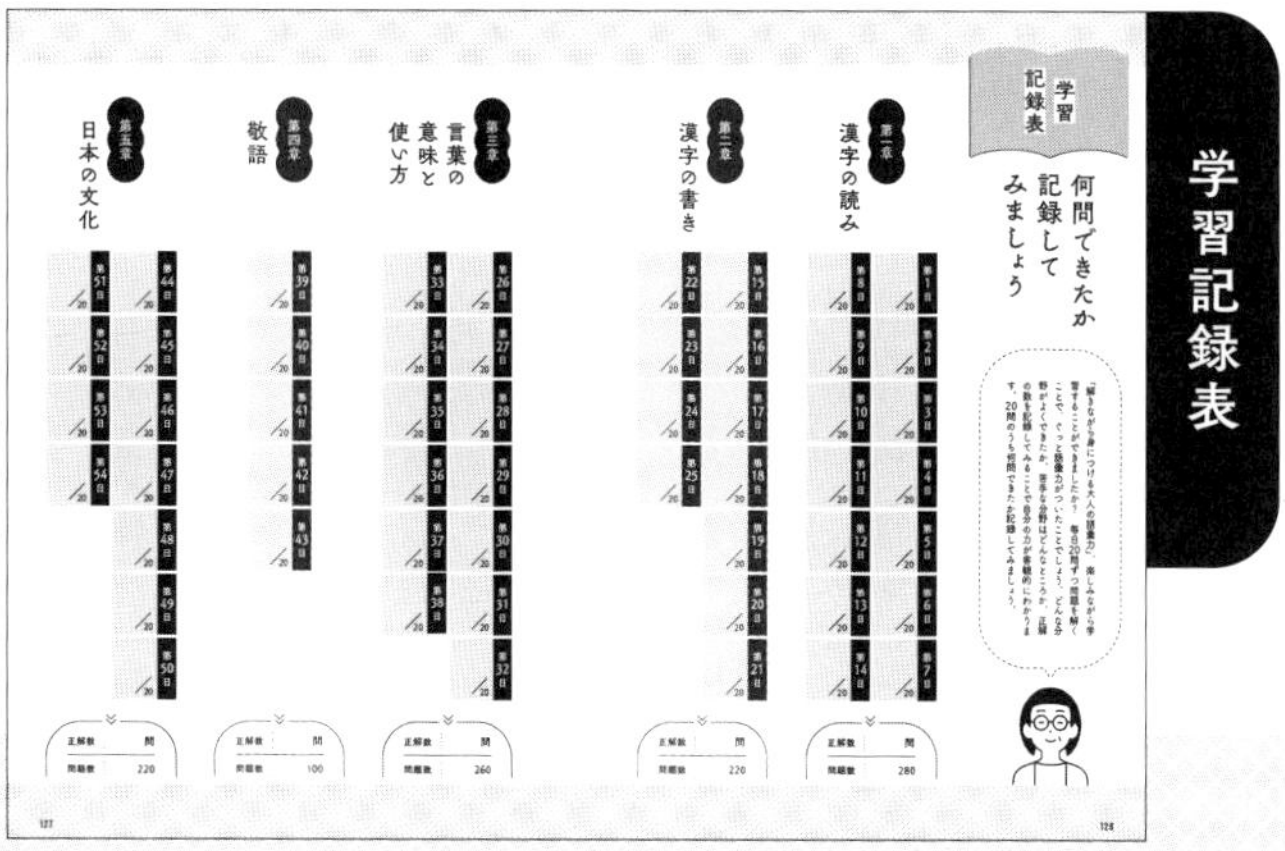

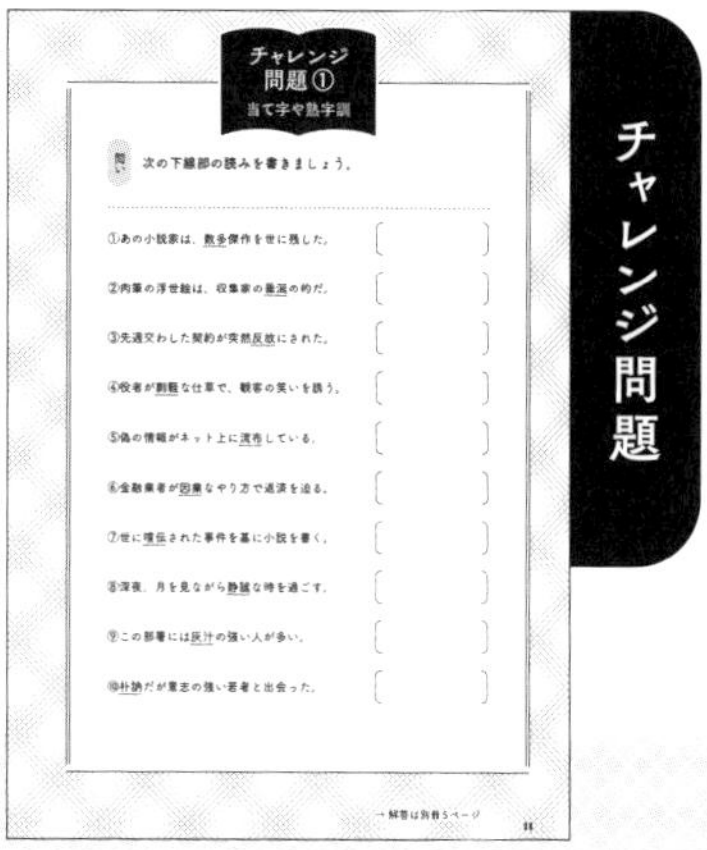

目次

第一章 漢字の読み

第二章 漢字の書き

第三章　言葉の意味と使い方

目次

第四章 敬語

第五章 日本の文化

第一章 漢字の読み

語彙力の基本は、やはり漢字の読みです。読みがわからないと、その言葉を使って表現することも、意味を調べることもできません。まずは、身の回りの漢字や言葉を正確に読んでみましょう。

お客様、こちらの三つから前菜を一つお選びください。
A 蚕豆と海老のアミューズ
B 赤茄子のブルスケッタ
C 竜髭菜のマリネ
よ、読めない……!
えーっと、えーっと……じゃあ、Aで。
そらまめとえびのアミューズですね。かしこまりました。
メニューをすらすらと読んで、スマートに注文できると、大人の魅力がアップしますね。
スマホ
メニュー
「赤茄子」は「トマト」、「竜髭菜」は「アスパラガス」か!

第1日

第一章　漢字の読み　訓読み①

なぜか、意外に難しい訓読み

学習日　　月　　日

1問5点

点

漢字の音《おん》は、中国の発音をまねた読み方、これに対して訓《くん》は、漢字に似た意味の日本語を当てはめた読み方です。音読みの漢字は読めても、意外に度忘れしがちなのは訓読みでは？

ここでは、そんな漢字を読んでみましょう。

●傍線部の漢字の読みを書きましょう。

□① コンピュータを自在に操る。（　　　）

□② 敵を欺くためには、手段を選ばない。（　　　）

□③ 汗水たらして働く父を労る。（　　　）

□⑩ 前言を覆す。（　　　）

□⑪ 言葉を補って説明する。（　　　）

□⑫ いい雰囲気を醸し出す。（　　　）

□⑬ 誰にでもできる仕事だと侮る。（　　　）

□⑭ 長年患った病が快復した。（　　　）

まるこさんのアドバイス

音読みはわかっても訓読みがわからない場合、漢和辞典を使って調べることができます。
例えば「操る」は、
←
・音訓索引を使って、音《おん》「ソウ」を引いて調べる。
・部首索引で「手（扌）偏」の13画の中から「操」を引いて調べる。
・総画索引で16画の中から「操」を引いて調べる。

スマホの漢字検索アプリで、手書き文字を入力して調べてもいいですね。

□④ 医師として無医村に赴く。（　　）

□⑤ 栄養の偏りは食べ物の好き嫌いによる。（　　）

□⑥ 秘密を暴く。（　　）

□⑦ 他人の手に委ねる。（　　）

□⑧ 収入の範囲内で家計を賄う。（　　）

□⑨ パラソルが浜辺を彩る。（　　）

□⑮ 絹糸を紡いで染色する。（　　）

□⑯ 子どもの発達を損なう暴挙だ。（　　）

□⑰ 薪を集めてキャンプの準備をする。（　　）

□⑱ 甚だしい誤解に腹が立つ。（　　）

□⑲ 忌まわしい事件が勃発した。（　　）

□⑳ 柿の若葉の緑が鮮やかだ。（　　）

↓解答は別冊1ページ

読めない漢字をそのままにしないで自分で調べることで、大人の語彙力はしっかり身につきます。

ちなみに、次の漢字の音は、

②欺（ギ）
④赴（フ）
⑧賄（ワイ）
⑲忌（キ）

漢字の部首名を知っていると読みを検索するとき便利です。

次の漢字の部首名は、

②欺…あくび・かける（欠）
③労…ちから（力）
⑥暴…ひ（日）
⑯損…てへん（扌）
⑱甚…かん・あまい（甘）
⑳鮮…うおへん（魚）

⑯「損なう」は、音の「ソン」に引かれて、「そんなう」としないように注意する。

⑰「薪」は、「まき」とも読む。音は「シン」。「薪炭」「薪水」などの熟語がある。

声に出して読みたい漢字

第一章　漢字の読み　訓読み②

小説を読んでいると、読めない漢字に出合うことがよくあります。読めなくても意味はだいたいわかりますが、読みも含めての作品なのですから、声に出して読むつもりで読みたいものですね。作者の思いがよりよく伝わります。

学習日　　月　　日

1問5点

点

●傍線部の漢字の読みを書きましょう。

□① 彼は、その地で生き延びるために潔い決断をした。（　　）

□② 門を入ると、侍従らしき男が恭しくお辞儀をした。（　　）

□③ 人前を憚るような話ではなかったが、自然に小さな声になっていた。（　　）

□⑩ 高校生ぐらいの女の子が、嫋やかな身のこなしで近づいてきた。（　　）

□⑪ どんな世の中であろうと、周囲を気にせず強かに生きたい。（　　）

□⑫ 喘ぎながら坂を上ってくる一人の男がいた。（　　）

□⑬ 花壇の萎れた草花は、祖母の病状が思わしくないことを物語っているようだった。（　　）

□⑭ その理由を聞いて、私は深く頷いた。（　　）

まるこさんのアドバイス

音読みの熟語の意味や送り仮名を手がかりにして読んでみましょう。

①「いさぎいい」と読むのは間違い。

②「恭」の音《おん》は「キョウ」。「恭順」「恭賀」などの熟語がある。

③「憚る」は「遠慮する。避ける」といった意味。

⑥「蘇る」は「甦《よみがえ》る」とも書き、どちらも同じ意味。

⑦「跪く」は、地面などに膝をついて身をかがめること。

⑧「佇」の音は「チョ」で、「佇《チョ》立《リツ》」などの熟語がある。

□④ 自然に囲まれたその地方で、子どもたちの心を育みたい。（　　）

□⑤ 森の中の小鳥の囀りで、毎朝気持ちよく目覚めた。（　　）

□⑥ 何十年ぶりかの電話の声で、美しい彼女の姿が蘇った。（　　）

□⑦ 跪いて許しを請う犯人の姿に、一瞬裁判官の心が乱れた。（　　）

□⑧ 昔の彼女の落ち着いた佇まいはどこへやら、すっかり取り乱した様子だった。（　　）

□⑨ 煩わしいことはもうご免だと、さっさと荷物をまとめて飛び出した。（　　）

□⑮ 子どもたちのアイディアに富んだ道具を見て、私は思わず唸った。（　　）

□⑯ 私の様子を周りの人たちは訝しげに眺めていた。（　　）

□⑰ 虚ろな目をしてこちらを見ている子どもたちの姿に戦争のむごさを痛感した。（　　）

□⑱ 最後の試合だから、狡い手を使っても勝ちたいと思っていたらしい。（　　）

□⑲ 傍らの男たちは煙草《たばこ》を吸いながらその様子を遠巻きに見ていた。（　　）

□⑳ 田舎の親戚の懇ろなもてなしに恐縮した様子だった。（　　）

↓解答は別冊1ページ

⑩「嫋やか」は、優美でしなやかな様子。「しなやか」とも読む。

⑪「強か」は、しぶとくて手ごわい様子。

⑫「喘」の音は「セン・ゼン」。「喘息《ゼンソク》」など。

⑭「頷」は「あご」とも読む。

⑯「訝」の音は「ガ・ゲン」。「怪訝《ケゲン》」は「不思議で、わけがわからない様子」。

⑱「狡」の音は「コウ」。「狡猾《コウカツ》」は、「ずるがしこい様子」。

⑲「傍」には、「そば・はた」などの訓もある。

⑳「懇」の音は「コン」。「懇意」「懇親」などの熟語がある。

第3日

第一章　漢字の読み　二とおり以上の訓読み①

同じ漢字をどう読み分けるか、それが問題だ

学習日　　月　　日

1問5点

点

漢字の訓は、一つだけではありません。二つも三つもあるものもあります。おまけに意味が似ているものも全く異なるものもあります。

漢字の意味や送り仮名をヒントにして読み分けてみましょう。

●傍線部の読みを書きましょう。

□① 台所の掃除を怠る。（　　）

□② 町内会の当番を怠ける。（　　）

□⑩ 詳しく説明する。（　　）

□⑪ 事件の様子を詳らかにする。（　　）

□⑫ 人影も疎らになった。（　　）

□⑬ 噂には疎い。（　　）

□⑭ 練習を疎かにする。（　　）

まるこさんのアドバイス

常用漢字（小・中学校で習う漢字）の読みとしては習わないもの（表外）もありますが、推測して読んでみましょう。

①・②「怠」の音《おん》は「タイ」。「怠惰」「怠慢」などの熟語がある。

③・④「捕」の訓は「と－らえる・と－る・つか－まえる」など。

⑤・⑥「仰」の音は「ギョウ・コウ」。「仰天」「信仰」など。

⑦～⑨「初」の訓は「はじ－め・はつ・うい・そ－める」など。

⑪「詳らか」は「詳しい様子」を表す形容動詞。表外の読み。

□③ 魚を捕まえる。〔　　〕

□④ 犯人を捕らえる。〔　　〕

□⑤ 恩師の教えを仰ぐ。〔　　〕

□⑥ 仰せのとおりに致します。〔　　〕

□⑦ 初めに挨拶をする。〔　　〕

□⑧ 初陣を果たす。〔　　〕

□⑨ 消防の出初め式。〔　　〕

□⑮ 狭い庭に花を植える。〔　　〕

□⑯ 先頭との距離を狭める。〔　　〕

□⑰ 竹の籠を編む。〔　　〕

□⑱ 自室に籠もる。〔　　〕

□⑲ かっとしやすい質だ。〔　　〕

□⑳ 真偽を質す。〔　　〕

↓解答は別冊2ページ

⑫〜⑭「疎」の音「ソ」は、「疎外・疎密」などと使う。
「疎ら」「疎か」の読みは、常用漢字としては習わない表外の読み。

⑮・⑯「狭」の音は「キョウ」。「狭小・狭量」など。「挟撃」の「挟」と間違えないように。
「狭」の訓…「せま－い・せば－める」など。
「挟」の訓…「はさ－まる・はさ－む」など。

⑰・⑱「籠」の音は「ロウ」。
「籠城」など。

⑲・⑳「シツ」は、音読み。
「品質」の意味で「質（シツ）が悪い」などと使うが、「性質」の意味では「たち」と読む。

いずれも表外の読み。

第4日

第一章　漢字の読み　二とおり以上の訓読み②

魚が焦げても焦らない

学習日　　月　　日

1問5点

点

今回は、同じ漢字の異なる訓読みを一文の中に入れてみました。こうしてみると、同じ漢字でも読みによって全く異なる意味を表したり、似たような意味や、関係のある意味を表したりすることがわかりますね。そんなことを考えながら読んでみましょう。

●二か所の傍線部の読みを書きましょう。

□①魚が焦げても、焦らない。（　　）（　　）

□②岩間に潜む魚を捕ろうと海底に潜る。（　　）（　　）

□③誘惑から逃れるために、必死で逃げた。（　　）（　　）

□⑩来る二十日、大臣が視察に来る。（　　）（　　）

□⑪並木道を通って勤務先に通う。（　　）（　　）

□⑫直ちに屋根を直さなければ危険だ。（　　）（　　）

□⑬授業を行うために学校に行く。（　　）（　　）

□⑭滑らかな床は、このスリッパでは滑りやすい。（　　）（　　）

まるこさんのアドバイス

異なる訓読みを一文の中に入れてみると、覚えやすいですね。

①「焦」の音《おん》は「ショウ」。「こ-がれる」などの訓もある。

②「潜」の音は「セン」。「潜水」「潜伏《センプク》」などと使う。

④「請う」は、「頼む」という意味。「請ける」は、「仕事を引き受ける。請け負う」という意味。

⑤「偽」の音は「ギ」。「虚偽」「真偽」などの熟語がある。

⑥「占」の音は「セン」。「独占」「占拠」などの熟語がある。

⑦「駆」の音は「ク」。「駆使」「先駆」などの熟語がある。

□④ 請われて、講演を請け負う。

□⑤ 本名を偽った、偽の電話がかかる。

□⑥ 心を占める心配ごとを占ってもらう。

□⑦ 馬を駆って草千里を駆ける。

□⑧ 集合に遅れたことを後悔しても遅い。

□⑨ 新しい年を迎え、希望を新たにする。

□⑮ 厳しい表情で厳かに退学を申し渡す。

□⑯ 家計を省みて、無駄を省く。

□⑰ 屋根から雨の滴がポタポタと滴る。

□⑱ 悔しい試合展開になったことを悔いる。

□⑲ 試しに戦略を変えて再挑戦を試みる。

□⑳ 軽いステップで軽やかに通り過ぎた。

↓解答は別冊2ページ

⑧「遅れる」「後れる」の違い。
遅れる…決まった期限や時刻に間に合わないこと。例 バスに遅れる。
後れる…取り残されること。例 流行に後れる。

⑩「来し方を振り返る」などでは、「こ－し」とも読む。

⑮「厳」には、「いか－めしい」「いか－つい」という訓（表外）もある。

⑯「省」の音は、「セイ・ショウ」。「セイ」と読む熟語は「反省」など。「ショウ」と読むのは「省略」など。

⑱「く－やむ」という訓もある。

⑳「かる－い」が「かろ－やか」と読みが変わっている。「まる－い」→「まろ－やか」も同様。

第5日

第一章　漢字の読み　お品書き

料理店のお品書き、読めますか？

学習日　　月　　日

1問5点

点

料理店でメニューを注文するとき、「コレとコレ」と指さしたり、「1と3ね」と番号で指定したりしていませんか。料理名の読みを覚えて、名前で注文してみましょう。

大人として、ぐっと見直されるかもしれませんよ。

●料理店のお品書きから日本料理と中華料理の名前を拾ってみました。読んでみましょう。

日本料理

ひらがなで書きましょう。

□① 真鯛兜煮（　　　）

□② 鮟鱇鍋（　　　）

□⑩ 鰻の蒲焼（　　　）

□⑪ 葛餅（　　　）

中華料理

カタカナで書きましょう。

□⑫ 包子（　　　）

□⑬ 回鍋肉（　　　）

□⑭ 麻婆茄子（　　　）

まるこさんのアドバイス

どんな料理か、見てみましょう。

①「兜煮」は、魚の頭の部分を煮たもの。

②「鮟鱇」は「鮟肝《あんきも》」を食べたり、鍋物にしたりする。

③「風呂吹き大根」は、軟らかく煮た大根に味噌《みそ》だれをかけて食べる料理。

⑤「幽庵地《ゆうあんじ》」という漬けだれに漬けて焼いた魚の漬け焼き。

⑥「真薯《しんじょ》」とは、白身魚などの正肉《しょうにく》をすりつぶしたもの。「しんじょう」とも言う。

⑦「利休焼」は、肉や魚の表面に胡麻《ごま》で作ったたれを塗って焼いたもの。

□③ 風呂吹き大根（　　　　）

□④ 生湯葉のお吸い物（　　　　）

□⑤ 幽庵焼（　　　　）

□⑥ 海老真薯（　　　　）

□⑦ 鯖の利休焼（　　　　）

□⑧ 串銀杏（　　　　）

□⑨ 松茸の土瓶蒸し（　　　　）

□⑮ 炒飯（　　　　）

□⑯ 杏仁豆腐（　　　　）

□⑰ 湯菜（　　　　）

□⑱ 青椒肉絲（　　　　）

□⑲ 棒棒鶏（　　　　）

□⑳ 芙蓉蟹（　　　　）

↓解答は別冊2ページ

⑪和食のデザートに。

⑫中華まんのこと。

⑬肉とキャベツ、ピーマンなどを豆板醤《とうばんじゃん》などで炒《いた》めたもの。

⑭「茄子」は中国語では「チェズ」と読む。

⑯杏仁（杏《あんず》の種をすりつぶしたもの）や牛乳がベースの寒天のおやつ。デザートに出される。

⑰「湯（タン）」はスープのこと。

⑱「青椒」はピーマンのこと。

⑲鳥むね肉ときゅうりにたれをかけた料理。昔は棒で肉をたたいて柔らかくしていた。

⑳「芙蓉」は「蓮《はす》の花」。日本では「かに玉」と呼ばれている。

「湯」はスープ、「青椒」はピーマン、「菜」は野菜。覚えておきましょう。

第6日

第一章　漢字の読み　生き物の名前①

草花たちの名前、読んでみましょう

学習日　　月　　日

1問5点

点

カタカナで書かれた草花の名前に比べて、漢字で書かれた名前は、その草花の性質や形状などをよく表しています。

漢字で書かれた草花の名前をさりげなく読んで、ゆかしい大人の語彙力を発揮しましょう。

●傍線部の草花の名前をあとの語群の中から選んで書きましょう。

□① 春の野原は、蒲公英から。（　　　）

□② 高原の青い竜胆。（　　　）

□③ 梅雨を彩る紫陽花の花。（　　　）

〈①〜⑩〉
りんどう　あせび　さぼてん　たんぽぽ
かたばみ　さるすべり　あざみ
あじさい　いたどり　いぐさ

□⑪ よい香りの枳殻の花。（　　　）

□⑫ 明るい黄色の金雀枝。（　　　）

□⑬ 香りを振りまく沈丁花。（　　　）

□⑭ 色とりどりの秋桜。（　　　）

まるこさんのアドバイス

私たちがよく知っている草花の名前を選択肢から選びましょう。他にも次のように読むことがあります。

①キク科タンポポ属。別名「鼓《つづみ》草《ぐさ》」。「ホコウエイ」とも読む。

②秋、青紫色の花を咲かせる可《か》憐《れん》な花。「リュウドウ」「リュウタン」とも読む。

③「ショウカ」とも読む。

⑤花はかわいいが、増えすぎて嫌われる雑草。「サクショウソウ」とも読む。

⑥夏の花。いつまでも花の色が変わらない。「ヒャクジツコウ」とも読む。

□④ 棘《とげ》で身を守る紫色の薊。〔　　〕

□⑤ かわいい雑草、酢漿草。〔　　〕

□⑥ 幹がつるつる、百日紅。〔　　〕

□⑦ 馬は食べるな、馬酔木。〔　　〕

□⑧ 虎のしっぽのような虎杖。〔　　〕

□⑨ 畳表の材料、藺草。〔　　〕

□⑩ 砂漠の花、仙人掌。〔　　〕

□⑮ 荒れ地に生える車前草。〔　　〕

□⑯ 花びらフルフル、芥子の花。〔　　〕

□⑰ 石楠花色の夕焼け。〔　　〕

□⑱ すっくと咲いた石蕗。〔　　〕

□⑲ 忘れないでと勿忘草。〔　　〕

□⑳ 真夏の花、夾竹桃。〔　　〕

〈⑪～⑳〉

おおばこ　けし　からたち　こすもす
えにしだ　しゃくなげ　じんちょうげ
つわぶき　きょうちくとう　わすれなぐさ

→解答は別冊2ページ

⑦「アシビ」「アシブ」「アセボ」などともいう。
⑧若い茎は食べられる。少し酸っぱい味。「コジョウ」とも。
⑩「センニンショウ」とも。
⑪ミカン科カラタチ属。白い花はよい香り。「キコク」とも。
⑬「チンチョウゲ」とも読む。
⑭「アキザクラ」とも。
⑮「大葉子」とも書く。道端に自生している。「シャゼンソウ」とも。
⑯ポピーの和名。
⑱艶のある大きな葉っぱの中から茎がすっくと伸びて黄色い花が咲く。
⑲英語名もそのまま、「forget-me-not」。

第7日

第一章　漢字の読み　生き物の名前②

教養として知っておきたい草花の名前

学習日　　月　　日

1問5点

点

私たち人間の生活は、昔から草花とともにありました。季節の草花を、春・秋の七草として表したり、ことわざに表したり。この回では、人間の生活に結びついた草花の名前を読んでみましょう。大人として知っておきたい教養の一つです。

●傍線部の漢字の読みを書きましょう。

「立てば①芍薬、座れば②牡丹、歩く姿は③百合の花」

□①（　　　）

□②（　　　）

□③（　　　）

●春の七草、秋の七草の中から六つずつ名前をあげました。漢字の読みを書きましょう。

春の七草

□⑨ 御形（　　　）

□⑩ 菘（　　　）

□⑪ 蘿蔔（　　　）

□⑫ 薺（　　　）

□⑬ 繁縷（　　　）

まるこさんのアドバイス

ことわざの意味を確認しておきましょう。

①〜③女性のいろいろな姿の美しさを花にたとえて表した言葉。

④将来偉くなる人は、小さいときから優れているというたとえ。

⑤・⑥どちらも優れていて優劣がつけられないことのたとえ。

⑦体ばかりが大きくて、あまり役に立たない人のたとえ。

⑧人の好みもさまざまであることのたとえ。

ことわざで使われている草花についての知識も知っておくとよいですね。

「④栴檀は双葉《ふたば》より芳《かんば》し」

□④（　　　　）

「いずれ⑤菖蒲か⑥杜若」

□⑤（　　　　）

□⑥（　　　　）

「⑦独活の大木」

□⑦（　　　　）

「⑧蓼食う虫も好き好き」

□⑧（　　　　）

□⑭ 仏の座（　　　　）

秋の七草

□⑮ 尾花（　　　　）

□⑯ 女郎花（　　　　）

□⑰ 桔梗（　　　　）

□⑱ 葛（　　　　）

□⑲ 撫子（　　　　）

□⑳ 藤袴（　　　　）

↓解答は別冊3ページ

①・②芍薬と牡丹は、どちらもボタン科ボタン属で、花はとてもよく似ている。

⑤・⑥アヤメ、ショウブ、カキツバタはとてもよく似ている。「菖蒲」は「ショウブ」とも読むが、ことわざとしては「あやめ」。

⑦「独活」は地上に出る前の若芽のときは、おいしく食べられる。

春の七草、秋の七草は、それぞれ次のように調子よく唱えて覚えることができます。

春の七草

セリ、ナズナ、ゴギョウ、ハコベラ、ホトケノザ、スズナ、スズシロ

スズナは蕪《かぶ》、スズシロは大根のことですネ。

秋の七草

ハギ、キキョウ、クズ、フジバカマ、オミナエシ、オバナ、ナデシコ

第8日

小さな生き物や魚の名前、漢字で書くと……

植物と同様、小さな虫や魚たちも昔から人間の生活に身近な存在ですし、彼らも漢字の名前を持っています。

この回では、そんな漢字を読むことで、改めて小さな生き物のことを知りましょう。

●傍線部の漢字の読みを書きましょう。

□①　小川で泳ぐ目高たち。（　　　）

□②　黄金虫は、お金持ち？（　　　）

□③　華麗な模様の揚羽蝶。（　　　）

□⑩　とんぼの大将、馬大頭。（　　　）

□⑪　椚《くぬぎ》の樹液を吸う鍬形虫。（　　　）

□⑫　網を張って敵を待ち伏せする蜘蛛。（　　　）

□⑬　「ギースチョン」と鳴く螽斯。（　　　）

□⑭　働き者の蟻さん。（　　　）

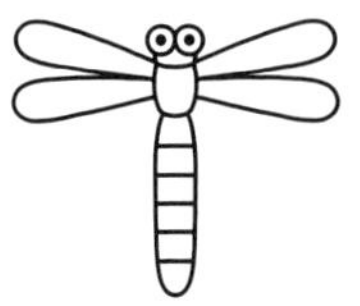

学習日　　月　　日

1問5点

点

まるこさんのアドバイス

おなじみの名前以外にも読み方や漢字があります。

③「鳳蝶《あげはちょう》」とも書く。

④「蜻蛉」は、「カゲロウ」「アキツ」「セイレイ」とも読む。

⑥「蟷螂」は、「トウロウ」とも。

⑦「紙魚」は、紙を好む昆虫。

⑧「水黽」は、「水馬」「飴坊」とも書く。

水面を跳ぶ姿から「水馬」、身体が飴《あめ》の匂いがすることから、「飴坊」とも書くそうですよ。

⑩日本最大のトンボで、成虫するまで、十回ほども脱皮を繰り返す。「鬼蜻蛉」とも書く。

⑪「鍬形虫」の頭の鍬形《くわがた》は、あごの発達したもの。

□④秋の空を飛び交う赤蜻蛉。〔　　〕

□⑤子どもが大好きな甲虫。〔　　〕

□⑥斧《おの》を振り上げ威嚇する蟷螂。〔　　〕

□⑦本が大好きな紙魚。〔　　〕

□⑧水上をスイスイ歩く水黽。〔　　〕

□⑨ハエの仲間、虻。〔　　〕

□⑮灯《あか》りに飛び込む、蛾。〔　　〕

□⑯海鼠の酢の物。〔　　〕

□⑰色鮮やかな海鞘。〔　　〕

□⑱「鰆」は春の季語。〔　　〕

□⑲出世魚の鰶。〔　　〕

□⑳海底の砂地にすむ鰈。〔　　〕

↓解答は別冊3ページ

⑫節足動物ではあるが、昆虫ではない。

⑬「螽斯」は、「螽」「蛬」などとも書く。バッタの仲間。

⑯海の鼠《ねずみ》はナマコ。海の月はクラゲ、海の豚はイルカ、海の鞘《さや》と書いてホヤと読む。

⑰「海鞘」は「老海鼠」などとも書く。

⑱魚偏《うおへん》に「春」はサワラ、「秋」は「イナダ」、「冬」は「コノシロ」。

⑲生長にしたがって、「シンコ→コハダ→コノシロ」などと呼び名が変わる。

⑳「鰈」と「鮃《ひらめ》」は、どちらも海底の砂地の上にすむ平べったい魚。

どの生き物の漢字も考えた人のセンスがうかがえますね。

第9日

第一章　漢字の読み　生き物の名前④

ことわざや慣用句にされた動物たち

学習日　　月　　日

1問5点

点

私たち人間は、どんな動物のどんな特徴をとらえて慣用句やことわざの中に登場させてきたのでしょうか。興味がありますね。

この回では、主にことわざや慣用句に登場する生き物の漢字を読んでみましょう。

●傍線部の漢字の読みを書きましょう。

□①猪（　　）も七代目には豕（　　）になる

□②兎（　　）の上り坂

□③捕らぬ狸（　　）の皮算用

□⑩蛞蝓（　　）に塩

□⑪鳥なき里の蝙蝠（　　）

□⑫柳の下にいつも泥鰌（　　）はいない

□⑬同じ穴の貉（　　）

□⑭蛇（　　）の道は蛇（　　）

□⑮蛸（　　）の共食い

まるこさんのアドバイス

よく使われることわざや慣用句です。意味を考えてみましょう。

①荒っぽいイノシシも、長い間飼いならされているうちには「豕《いのこ》」になる。「豕」は豚のこと。

②ウサギは、後ろ足が長いことから、上り坂を走るのが得意。最も得意とする場所で力を発揮すること。

④その人にふさわしくない言動や格好をすること。

⑥多人数が押し合うように並ぶこと。

⑦逆の意味で「鳶《とび》の子は鷹にならず」ということわざも。

□④ 猿に（　　）烏帽子《えぼし》

□⑤（　　）鸚鵡返し

□⑥（　　）目白押し

□⑦ 鳶が（　　）鷹を生む

□⑧（　　）鵜呑《の》みにする

□⑨（　　）烏の行水

□⑯（　　）鼬ごっこ

□⑰ 前門の虎（　　）後門の狼

□⑱（　　）雉も鳴かずば撃たれまい

□⑲（　　）鰻の寝床

□⑳（　　）鴨が葱《ねぎ》を背負《しょ》って来る

↓解答は別冊3ページ

⑩「青菜に塩」も似た意味。

⑪鳥のいない所では、飛べるというだけでコウモリが威張るように、優れた人がいない所ではつまらない者が権威然とすること。

⑬「貉」はアナグマの異称。狸と同じ巣穴をねぐらにすることから、人をだます狸と同様に悪党である、という意味。

⑭同類の者がやったことは、その仲間にはすぐわかるということ。

⑯互いに同じことを繰り返すだけで決着がつかないこと。

⑱不用意なことを言わなければ災いを受けることもないというたとえ。

⑳望む相手がこちらの都合のいい物をもって現れること。

第10日

第一章　漢字の読み　新聞&雑誌の漢字

新聞&雑誌の漢字はスラスラ読みたい

学習日　　月　　日

1問5点

点

新聞や雑誌には、日常の会話にはあまり使われない音読みの熟語がよく使われています。やや硬い感じで難しそうですが、スラスラ読みたいものですね。

ついでにそんな言葉を日常の会話の中で使うと、論理的な会話のレベルがぐっとアップしますよ。

●傍線部の熟語の読みを書きましょう。

□① 大臣がダム工事の進捗状況を視察した。（　　　）

□② 新人候補が熾烈な選挙戦を勝ち抜いた。（　　　）

□③ 反対多数で、条約の批准が見送られた。（　　　）

□⑩ 円高の影響で日本の株価が急騰した。（　　　）

□⑪ 経済が凋落すれば、いずれ国力も弱まるだろう。（　　　）

□⑫ ある国の内戦が膠着状態に陥っている。（　　　）

□⑬ 著名な編集者の発言が、頻繁にニュース番組で取り上げられた。（　　　）

□⑭ 差別発言をした大臣が更迭された。（　　　）

まるこさんのアドバイス

新聞などでよく見る熟語の読みは、意味とともに覚えておきましょう。

②「熾」の音《おん》は「シ」。「熾烈」は勢いがさかんで激しい様子を表す。

③「准」の音は「ジュン」。「批准」は、条約に国家として正式に同意すること。

④「未曽有」は、今までに一度もなかったこと。「みぞゆう」と読むのは間違い。

⑤「乖離」は、「～と～の乖離」という使い方をし、互いに背いて離れること。

⑥「如実」は、事実をはっきりと示す様子。

□④ 近年、通信技術は、未曽有の発展を遂げた。（　　）

□⑤ 政治家と市民の意見が乖離している。（　　）

□⑥ 事件の真相を如実に物語る物証が見つかった。（　　）

□⑦ 彼の作曲した音楽はどの範疇にも属さない独創的なものだ。（　　）

□⑧ 文壇の双璧をなす作家が新作を次々に発表した。（　　）

□⑨ 江戸幕府が瓦解した原因を探る。（　　）

□⑮ 温暖化は、人類にとって焦眉の問題だ。（　　）

□⑯ 政財界の重鎮が昨日逝去された。（　　）

□⑰ 既出のアイディアも含めて検討する。（　　）

□⑱ 前社長が決めた方針を踏襲する。（　　）

□⑲ 赤字を補塡するための資金を調達する。（　　）

□⑳ 女王への謁見が許された。（　　）

↓解答は別冊3ページ

⑦「範疇」の「疇」の音は「チュウ」。同類のものが含まれる領域。

⑧「璧」の音は「ヘキ」。

⑪「しゅうらく」は間違い。「凋」は「しぼむ」という意味。

⑫「膠着」は、固定して全く動きがないこと。

⑭「迭」は「送」と似ているので、読みに注意する。「更迭」は、その職にある人を変えること。

⑮「焦眉」は、眉を焦がすほど火が近づくこと。「焦眉の急」は、急を要することがらの意味。

⑲「塡」の音は「テン」。「うずめる」という意味。

⑳「謁見」は、身分の高い人に会うこと。

第11日

第一章　漢字の読み　間違いがちな読み①

まるごと覚えるしかない熟語の読み

学習日　　月　　日

1問5点

点

漢字の中には、複数の音読み訓読みがあるもの、組み合わせる漢字によって読みが変わってしまうものなどがあり、熟語の読み方は複雑です。決まりもありません。覚えるしかない、ですね。正しく読んで大人の語彙力を示したいものです。

●傍線部の熟語の読みとして正しいものを選んで、記号を○で囲みましょう。

□① ある科学者の偉大な業績を礼賛する。
ア　れいさん　　イ　こうさん
ウ　らいさん　　エ　しょうさん

□② 暴力に対して強い嫌悪感を抱く。
ア　けんあく　　イ　けんお
ウ　げんおく　　エ　げんわる

□③ 湯加減はちょうどよい塩梅だ。
ア　おんばい　　イ　えんぱい
ウ　えんはい　　エ　あんばい

□⑩ 染めが美しい反物を晴れ着に仕立てる。
ア　そりもの　　イ　はんもの
ウ　ほんもの　　エ　たんもの

□⑪ 彼の未熟さは、彼の誠実さによって相殺される。
ア　あいさい　　イ　あいせつ
ウ　そうさい　　エ　そうさつ

□⑫ パソコンの扱い方を会得する。
ア　えとく　　イ　かいとく
ウ　あいとく　　エ　しゅうとく

□⑬ 会社ぐるみの不正を暴露する。
ア　ぼうろ　　イ　ばくろう
ウ　ばくろ　　エ　ぼうろう

□⑭ 彼は生粋のパリっ子だ。
ア　せいいき　　イ　しょうすい
ウ　きっすい　　エ　なまいき

まるこさんのアドバイス

間違いやすい熟語の読みは、漢字一字一字の読みにとらわれず、まるごと覚えてしまいましょう。

①「礼」の音《おん》には「レイ」もあるが、「礼賛」は「れいさん」とは読まない。

②「嫌悪」「悪寒」などの場合、「悪」は、「お」と読む。

③「塩梅」は、ものごとの状態、様子の意味。「塩」は、「えん」ではなく、「あん」と読む。

⑤「言質」の「質」は「チ」と読む。

⑥「年俸」、⑦「疾病」、⑱「克己」は、片方の漢字によって、もう一方の漢字の読みが変わっている。

⑧手術などで目が見えるようになることという意味では、「かいがん」と読む。

□④ 衆議院議員が北海道各地を遊説する。
ア ゆうせつ　イ ゆうぜつ
ウ ゆうとく　エ ゆうぜい

□⑤ 言質を取られることを恐れて、明言を避ける。
ア げんち　イ ごんしつ
ウ げんしち　エ ごんち

□⑥ プロ野球選手の年俸が公表された。
ア ねんほう　イ ねんぽう
ウ ねんぼう　エ ねんほん

□⑦ 免疫療法によって疾病を治療する。
ア しつびょう　イ しっかん
ウ しっぺい　エ しつへい

□⑧ 仏画が完成し、開眼の供養が行われた。
ア かいげん　イ かいがん
ウ かいもく　エ かいごん

□⑨ 姉の初産で、無事に女の子が生まれた。
ア はっさん　イ はつうみ
ウ しょさん　エ ういざん

□⑮ 独断で事を進めると、上司の逆鱗に触れる恐れがある。
ア ぎゃくりん　イ げきりん
ウ ぎゃっこう　エ げきこう

□⑯ 芝居の幕間に弁当を食べる。
ア ばくま　イ まっかん
ウ ばくあい　エ まくあい

□⑰ 政治家が、市井の人の声に耳を傾ける。
ア いちい　イ ししょう
ウ しせい　エ しい

□⑱ 強い克己心をもって、目標に挑む。
ア こっき　イ こっこ
ウ かっこ　エ かっき

□⑲ 反対勢力からの批判の矢面に立つ。
ア しづら　イ しめん
ウ やおもて　エ やおも

□⑳ 自慢話を吹聴して歩く。
ア すいちょう　イ ふいちょう
ウ ふうちょう　エ すうちょう

↓解答は別冊4ページ

⑪「殺」の音《おん》は「サイ・サッ・セツ」。「相殺」は、プラス面とマイナス面を差し引きすること。
⑮「逆鱗」は、竜のあごの下に逆さに生えた「鱗《うろこ》」のこと。「逆鱗に触れる」は、偉い人をひどく怒らせること。
⑰「井」の音は「ショウ・セイ」。「市井の人」とは、一般庶民の意。

熟語の読みの多くは「音＋音」または「訓＋訓」ですが、そうでないものもあります。例えば、
●「音＋訓」
例 台所《ダイどころ》・⑩反物《タンもの》・⑯幕間《マクあい》
●「訓＋音」
例 ⑨初産《ういザン》・⑭生粋《きっスイ》・⑳吹聴《ふいチョウ》

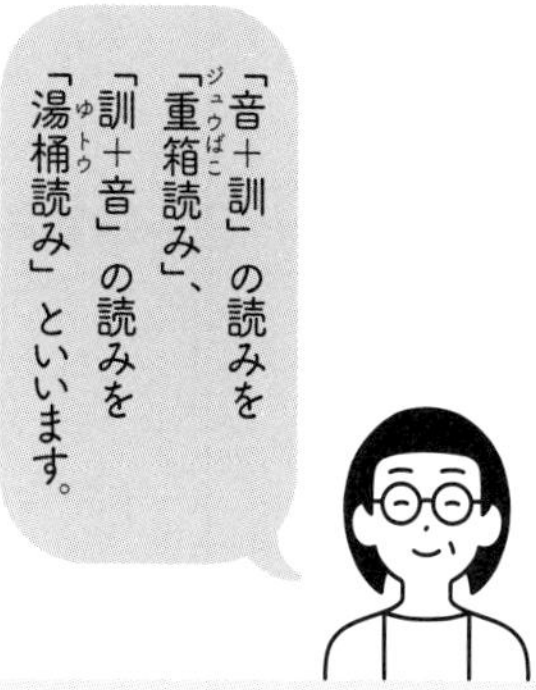

第12日

第一章　漢字の読み　間違いがちな読み②

読めたらちょっとかっこいいかも

学習日　　月　　日

1問5点

点

読み方が難しくて多くの人が読み間違えてしまう漢字があります。そんな難読語をスラスラ読めたら、ちょっとかっこいいですよね。大人として一目置かれるかもしれません。

今回は、そんな漢字を読んでみましょう。

●傍線部の漢字の読みを書きましょう。

□① 物価は漸次上昇していくだろう。（　　）

□② 困難を乗り越えて、計画を完遂した。（　　）

□③ 脆弱な通信システムを改善する。（　　）

□⑩ 父の咄嗟の機転によって、難を逃れた。（　　）

□⑪ 試合経過を皆に逐一報告する。（　　）

□⑫ 直截な表現を用いて、意見を述べる。（　　）

□⑬ 彼の曖昧な返事は、私をいらだたせた。（　　）

□⑭ 労働力不足に対して、適切な措置を講じる。（　　）

まるこさんのアドバイス

間違いやすいポイントを確認しておきましょう。

①の「漸次」と⑮の「暫時」は、意味も読みも似ていて読み間違いやすい。
漸（ゼン）
暫（ザン）
「漸次」は「次第に」、「暫時」は「しばらくの間」という意味。

②の「遂」と⑪の「逐」も字形が似ていて読み間違いやすい。
遂（スイ）
逐（チク）

③「脆弱」は、もろくて弱い様子。「脆」の音《おん》は「セイ・ゼイ」。

⑤「委嘱」の「嘱」は、「ショク」。仕事や役目を外部の人に頼むこと。似た意味の「委託」との混同に気をつける。

□④ 職場の規律が弛緩している。（　　）

□⑤ 国が民間企業に調査を委嘱する。（　　）

□⑥ 固唾を飲んで試合の状況を見守る。（　　）

□⑦ この都市には、悪の巣窟と言われる地域がある。（　　）

□⑧ 問題発言をした大臣が罷免された。（　　）

□⑨ 母は出納帳を付けている。（　　）

□⑮ 暫時のご猶予を願いたい。（　　）

□⑯ 所詮かなわぬ恋だと諦めた。（　　）

□⑰ 両国間に大きな軋轢が生じる。（　　）

□⑱ 些細なことで頭を悩ます。（　　）

□⑲ あの監督は、勝ち負けに拘泥しない。（　　）

□⑳ 成功した人物を羨望のまなざしで見る。（　　）

↓解答は別冊4ページ

⑥「固唾」は、心配のあまり緊張して、口中にたまる唾《つば》。
⑧「罷免」の「罷」の音は「ヒ」。職務を辞めさせること。
⑫「直截」の「截」は「セツ」と読み、「サイ」とは読まない。回りくどくない様子を表す。「ちょくさい」は誤読が定着して、広まった慣用読み。
⑭「措置」の「措」の音は「ソ」。「ショ」とは読まない。
⑯「所詮」と見た目がよく似た熟語に「所謂」があり、「いわゆる」と読む。
⑰「軋轢」を「きれつ」と読む間違いが多い。「軋」の音は「アツ」。「轢」は「レキ」と読み、「レツ」とは読まない。「軋轢」は、仲が悪くなって争い合うこと。

意味や字形が似ていることによる読み間違いが多いですね。自分が知っている他の熟語の読みと混同しないようにしましょう。

第13日

第一章　漢字の読み　当て字や熟字訓①

日本人の暮らしに深く関わる言葉

熟語の中には、一字一字の読みや意味にかかわらず熟語全体で読むものがあります。当て字や熟字訓とよばれるものですね。私たちの生活に深く関わっている言葉ですから、日本人の常識として、ぜひ読めるようにしておきましょう。

●傍線部の当て字や熟字訓の読みを書きましょう。

□① 独逸の大学で哲学を学ぶ。（　　）

□② シャワーを浴びてから、浴衣を着る。（　　）

□③ 暖かい風が吹き抜けて、春の息吹を感じた。（　　）

□⑩ 彼の料理の腕前は、素人離れしている。（　　）

□⑪ 登山家にエベレスト登頂を目指す所以を尋ねた。（　　）

□⑫ 紐育でミュージカルが上演された。（　　）

□⑬ 音楽家が欧羅巴各地を巡りながら演奏活動をする。（　　）

□⑭ 冗談にしても悪戯が過ぎると叱られた。（　　）

学習日　　月　　日

1問5点　　　点

まるこさんのアドバイス

国名・地名の当て字は、漢字の音《おん》を手がかりに読むことができるものが多いですね。

例

①独逸
独（ドク）　逸（イツ）

⑤阿蘭陀
阿（ア）　蘭（ラン）
陀（タ・ダ）

⑥露西亜
露（ロ・ロウ）
西（セイ・サイ）
亜（ア）

⑫紐育
紐（ジュウ・チュウ）
育（イク）

⑬欧羅巴
欧（オウ）　羅（ラ）
巴（ハ）

⑲倫敦
倫（リン）　敦（トン）

□④ 今日は、釣りをするのに絶好の日和【　　】だ。

□⑤ 阿蘭陀【　　】では花の栽培が盛んだ。

□⑥ 露西亜【　　】の国土は非常に広大だ。

□⑦ 陰暦の五月ごろに降る長雨を五月雨【　　】という。

□⑧ IT業界の猛者【　　】と言われる人物の講演を聴いた。

□⑨ 子猫が大きな欠伸【　　】をした。

□⑮ 黄昏【　　】どきの景色を眺めながら、物思いにふける。

□⑯ 弥生【　　】時代の遺跡が発掘された。

□⑰ 昆布で出汁【　　】をとったお吸い物をいただく。

□⑱ 吹雪【　　】のせいで列車が一時間遅延した。

□⑲ 倫敦【　　】には世界的に有名な博物館がある。

□⑳ 時雨【　　】模様の天気が続いている。

→解答は別冊4ページ

言葉の意味や由来についても知っておくといいですね。

②**浴衣**…入浴時や入浴後に着る木綿の着物「ゆかたびら（湯帷子）」の略。江戸時代以降は入浴に関係なく夏に着る簡単な着物を「浴衣」というようになった。

⑧**猛者**…優れた技術をもった強い人。

⑮**黄昏**…暗くなって顔の区別がつかないので「誰（た）そ彼（かれ）」、「お前は誰か」と尋ねることから、夕暮れを表すようになった。

⑱**吹雪**…強い風に吹かれて横なぐりに降る雪。

⑳**時雨**…「過ぐる」から出た語。秋の終わりから冬の初めにかけて、降ったりやんだりする雨。

熟字訓を覚えると語彙が増えるだけでなく、古くからある日本の文化を知ることにもつながりますよ。

第一章 漢字の読み 当て字&熟字訓②

「大人《おとな》」と「大人《たいじん》」は似て非なるもの

学習日 月 日

1問5点

点

音《おん》や訓《くん》で読む言葉と比べて、熟字訓の言葉は日常生活に密着した、どちらかというと口語的なやわらかい印象がありますね。細かい意味やニュアンスの違いもあるので、場面や状況によって使い分けることが大切です。ぐっと語彙力がアップしますよ。

●傍線部の言葉の読みを書きましょう。

□① 老舗の和菓子店で羊羹《ようかん》を買う。

□② 白髪頭の紳士に道を尋ねた。

□③ 網にかかったのは雑魚ばかりだ。

□④ 生き物を玩具にしてはいけない。

□⑪ 清水寺の下には清水が湧き出ている所がある。

□⑫ 大人だからといって、大人の風格を備えているとは限らない。

□⑬ 二十歳とは、満二十歳のことだ。

□⑭ 今年度の会計報告によると、今年は予算をかなりオーバーしたようだ。

□⑮ 八月一日は、一日中外出していた。

まるこさんのアドバイス

⑨「上手」と⑳「下手」には、それぞれ複数の読み方があり、意味も異なります。

⑨上手
- うわて
  - ・上の方。
  - ・相手より立場が上であること。
- かみて
  - ・上の方。
  - ・客席から見て、舞台の右の方。
- じょうず
  - 技術や手際がよいこと。

⑳下手
- したて
  - ・下の方。
  - ・相手より立場が下であること。
- しもて
  - ・下の方。
  - ・客席から見て、舞台の左の方。
- へた
  - 技術や手際などが悪いこと。

□⑤ 旅行の土産をいただいた。
（　　）（　　）

□⑥ 今朝の新聞を見て、事件を知った。
（　　）

● 傍線部の言葉の二とおりの読みを書きましょう。

□⑦ 梅雨前線が発生して、梅雨入りした。
（　　）（　　）

□⑧ 河岸段丘《だんきゅう》の下の町に魚河岸がある。
（　　）（　　）

□⑨ ダンスが上手な歌手が上手から登場した。
（　　）（　　）

□⑩ 紅葉シーズンに入り、紅葉狩りに行く。
（　　）（　　）

□⑯ 今日の午後、政治家が今日の世界情勢について討論する番組が放映される。
（　　）（　　）

□⑰ 五月晴れの五月のある日、友達とピクニックに出かけた。
（　　）（　　）

□⑱ 実名ではなく仮名で、そのうえ、漢字を使わずに仮名のみで名前を表記した。
（　　）（　　）

□⑲ 二人三脚で事業を成功させた二人は、私の友人だ。
（　　）（　　）

□⑳ 料理が下手だからといって、そんなに下手に出ることはない。
（　　）（　　）

↓解答は別冊4ページ

数字を使った熟字訓は、ほかにもいろいろあります。

七夕（たなばた）…七月七日に行う星祭りの行事。

十重二十重（とえはたえ）…幾重にも重なること。

八百屋（やおや）…野菜類を売る店。

八百長（やおちょう）…真剣に争っているように見せかけて、実はあらかじめ示し合わせて勝負をつけること。

十六夜（いざよい）…陰暦の十六日の夜の月。

熟字訓には、季節や時間、自然を表す言葉など、生活に密着した味のある言葉が多いですね。常識としてぜひ正しく読みたいものです。

チャレンジ問題①
当て字や熟字訓

問い　次の下線部の読みを書きましょう。

①あの小説家は、数多傑作を世に残した。（　　）

②肉筆の浮世絵は、収集家の垂涎の的だ。（　　）

③先週交わした契約が突然反故にされた。（　　）

④役者が剽軽な仕草で、観客の笑いを誘う。（　　）

⑤偽の情報がネット上に流布している。（　　）

⑥金融業者が因業なやり方で返済を迫る。（　　）

⑦世に喧伝された事件を基に小説を書く。（　　）

⑧深夜、月を見ながら静謐な時を過ごす。（　　）

⑨この部署には灰汁の強い人が多い。（　　）

⑩朴訥だが意志の強い若者と出会った。（　　）

→解答は別冊5ページ

第二章 漢字の書き

漢字を正しく書く力は、手書きのときだけでなく、パソコンやスマホで漢字変換をするときにも必要です。この章では、問題を解きながら漢字を書く力を身につけましょう。

お友達からはがきをいただいたの。達筆な人でしょ?

村田様
歳の瀬も押し迫り、お忙しい日々をお過ごしのことと存じます。

さて、先日は、素適なクリスマスプレゼントのスカーフをありがとうございました。とてもきれいな色で、一目見てすっかり気に入ってしまいました。お正月には健二さんと一諸にご自宅にお邪摩したいと思っております。

どうぞ、お元気でお過ごしくださいませ。

そ、そうですね。

でも、漢字の間違いが四つ……。「歳→年」「素適→素敵」「一諸→一緒」「邪摩→邪魔」。言うべきかしら……?

お返事、書かなくちゃ!

第二章　漢字の書き　似た漢字の書き分け①

手書きのお便りは嬉しいけれど

旅先からのはがきやお礼の手紙など、手書きのお便りをいただくのは嬉しいものです。

しかし、そんなとき、漢字を間違えていたらせっかくのお便りも大人としてちょっと恥ずかしいですね。特に字形や意味がよく似ている漢字は間違いがちなので要注意です。

●次の文中の間違っている漢字の右側に×印をつけ、□に正しい漢字を書きましょう。

□① 新緑が美しい季節になりました。　□

□② 錦秋の侯、皆様にはお変わりなくお過ごしのことと存じます。　□

□③ 田舎からおいしい爪を送ってきましたので、召し上がってください。　□

□⑪ いただいたお菓子がとてもおいしかったので、速、注文しました。　□

□⑫ 子どもの喧嘩の原困は、取るに足りないものですね。　□

□⑬ 人類の役に立つ徴生物ですが、人類を滅ぼすこともあります。　□

□⑭ 息子さんも相変わらずご活耀で、羨ましいことです。　□

□⑮ その古い工場は今でも嫁働しているそうで、地域の人々の伝統を守る姿勢に感動しました。　□

まるこさんのアドバイス

漢字の書き間違いにもいろいろあります。最も多いのが同音や同訓の漢字に間違えてしまう例。

⑧「諦」と「締」
- 諦（あきら－める・テイ）
- 締（し－める・テイ）

⑮「稼」と「嫁」
- 稼（かせ－ぐ・カ）
- 嫁（よめ・カ）

字形がよく似ていて、間違えてしまう例。

③「瓜」と「爪」
- 瓜（うり）
- 爪（つめ）

瓜　爪

瓜につめあり
爪につめなし

学習日　月　日

1問5点

点

□④ お心遺いいただきまして、誠にありがとうございました。

□⑤ 遠くの山が白い雪の頭布をかぶったように見えました。

□⑥ 二月になると、我が家は梅の花の勾いに包まれます。

□⑦ 会議の過程は、遂次お伝えしたいと思っております。

□⑧ 長崎の夜景をぜひ見たかったのですが、雨が降り出したので締めました。

□⑨ 息子の熱が高かったので下熱剤を飲ませました。

□⑩ お医者様によると、祖父の病気はビタミンの欠亡によるものだそうです。

□⑯ お貸りしていた本をスマートレター便でお送りしました。面白かったです。

□⑰ 味方と同じように摘を愛するのはやはり難しいものですね。

□⑱ コロナ禍の四年間、私は家で読書三味に過ごしました。

□⑲ 天気予報では雲りのち晴れでしたが、幸い朝からよい天気に恵まれました。

□⑳ 遅まきながら、春から薄記の勉強をすることにしました。

↓解答は別冊5ページ

④「遣」と「遺」
遣（つか-う・ケン）… 遣唐使
遺（のこ-す・イ）… 遺産・遺志

誤字のベストワン！

⑦「逐」と「遂」
逐（チク）… 逐次・逐一
遂（スイ）… 遂行・未遂

⑳「簿」と「薄」
簿（ボ）… 名簿・帳簿
薄（ハク）… 軽薄・薄情

勘違いや思い込みで間違えてしまう例。

⑤「頭巾」「雑巾」は「布」でなく「巾」。

⑨「解熱・解毒」などは「解」、「下剤」は「下」。

⑯「借りる」と「貸す」
借りる⟺貸す

⑱「三昧《ざんまい》」は、あることを一心に行って他のことは考えない状態のこと。

例 ゴルフ三昧

第16日

第二章　漢字の書き　似た漢字の書き分け②

いかにも正しそうな書き間違い

学習日　　月　　日

1問5点

点

漢字や熟語には、字形が似ていたり、意味が似ていたりして紛らわしいものが多くあります。いかにも正しそうで、妙に感心してしまう書き間違いもありますが、やはり、間違いは避けたいものですね。

●次のひらがなの言葉を表す□の中の漢字は、それぞれ一字ずつ間違っています。正しい漢字に直して□に書きましょう。

□①ようちえん
幼雅園に通う子どもたち。

□②こうてつ
外務大臣の突然の更送に驚く。

□③あおにさい
青二歳のくせにと、馬鹿にする。

□⑩ゆいごん
遣言状をたんすの奥にしまう。

□⑪れいふじん
令婦人を伴って会場に現れる。

□⑫よぎ
余義なく作業を中止した。

□⑬ひってき
彼に比敵するほど速い人はいない。

□⑭どんよく
貪欲に新技術を吸収する。

まるこさんのアドバイス

同音や、字形が似ているための書き間違いに注意しましょう。

①「雅」の音《おん》は「ガ」。

②その役にある人を辞めさせて他の人に変えること。

③「青二才」とは、若くて未熟な男のこと。

④「はじめて（の）」という意味。

⑧「まぶか」の「ま」は「まのあたりにする」などの「ま」で、「目」の訓読み。

⑨事実を曲げてゆがめること。

□④いちげん
一現の客はお断り。

□⑤いんそつ
観光客を引卒するツアーコンダクター。

□⑥はらん
破乱にとんだ生涯を送る。

□⑦いくじ
意久地がないのは親譲りだと言われる。

□⑧まぶか
帽子を真深にかぶって歩く。

□⑨わいきょく
事実を否曲して伝える。

□⑮のきば
軒場に長いつららが下がる。

□⑯じっし
運転技術の試験を実旋する。

□⑰こゆう
日本個有の文化だ。

□⑱さいくつ
地下の鉱物を採堀する。

□⑲さいだい
喧嘩の原因を最大漏らさず報告する。

□⑳げきやく
激薬の取り扱いに注意する。

↓解答は別冊5ページ

⑩法律では「いごん」という。

⑪「婦人」は、成人した女性のこと。「夫人」は他人の妻に対する敬称。「令夫人」は貴人の妻を敬って言う言葉。

⑭「貧」は「ドン」とは読まない。

⑮「のきば」は「軒のはし」の意。

⑯「旋」の音は「セン」。

⑱「堀」は「ほり」と読み、「釣り堀」「外堀」など。「掘」の音は「クツ」、訓は「ほ-る」。

⑲「さいだい漏らさず」とは、「細かいことも大きいこともすべて漏らさず一部始終」という意味。

⑳命にかかわるような激しい作用のある危険な薬のこと。

侮どる？　侮る？　あなどれない送り仮名

学習日　　月　　日

1問5点

点

送り仮名は、読みを明らかにするために漢字に付ける仮名のことですが、あまり気に留めることがないものです。とはいえ、侮れないのが送り仮名です。送り仮名で漢字の読みばかりか意味も変わることがあるからです。文章を書く時、気をつけましょう。

●傍線部を漢字で書くとき、送り仮名の付け方が正しいものを選び、記号を○で囲みましょう。

□① 本物とそっくりでまぎらわしい。
ア 紛らわしい　イ 紛わしい
ウ 紛しい　エ 紛い

□② 御社のご要望をうけたまわる。
ア 承たまわる　イ 承まわる
ウ 承わる　エ 承る

□③ 神田《かんだ》明神《みょうじん》のまつりで神輿《みこし》を担ぐ。
ア 祭　イ 祭り　ウ 祭つり

●傍線部を漢字と送り仮名で書きましょう。

□⑪ 式典がおごそかに挙行された。（　　）

□⑫ 今期の業績はかなりきびしい。（　　）

□⑬ 斬新な方法をこころみる。（　　）

□⑭ 新人選手の実力をためす。（　　）

まるこさんのアドバイス

送り仮名の付け方の決まりを確認しておきましょう。

●活用する語

原則…活用語尾（形が変わるところ）を送る。

例 話す・食べる・起きる・高い・元気だ

例外 味わう・捕まる・大きい・冷たい　など

●「〜しい」の形の形容詞

原則…「し」から送る。

例 新しい・美しい・苦しい・怪しい・忙しい

例外 甚だしい・勇ましい・愛らしい・疑わしい　など

□④ 真実をあきらかにする。

ア 明きらか　イ 明らか　ウ 明か

□⑤ 二つの幹線道路がまじわる地点。

ア 交じわる　イ 交わる　ウ 交る

□⑥ こころよい潮風が吹き抜ける。

ア 快ころよい　イ 快ろよい　ウ 快よい　エ 快い

□⑦ 現状をふまえることが重要だ。

ア 踏まえる　イ 踏える　ウ 踏る

□⑧ 製品をただちに出荷する。

ア 直だちに　イ 直ちに　ウ 直に

□⑨ こころざしを高くもって生きる。

ア 志ろざし　イ 志ざし　ウ 志し　エ 志

□⑩ 約束の時間をたしかめる。

ア 確しかめる　イ 確かめる　ウ 確める　エ 確る

□⑮ 焼き過ぎて、魚がこげる。（　　）

□⑯ 提出期限が迫り、気があせる。（　　）

□⑰ 友人となごやかに語り合う。（　　）

□⑱ 両国間の緊張がやわらぐ。（　　）

□⑲ 西洋史に関する書物をあらわす。（　　）

□⑳ 株価の変動がいちじるしい。（　　）

↓解答は別冊5ページ

●「〜か」「〜やか」「〜らか」の形の形容動詞

原則…「か」「やか」「らか」から送る。

例 静か・暖か・健やか・滑らか

例外 伸びやか・晴れやか・冷ややか　など

●名詞

原則…送り仮名を付けない。

例 花・彼・海・何

例外 辺り・後ろ・幸い・便り・全て・自ら・災い　など

●活用のある語からできた名詞

原則…もとの語の送り仮名によって送る。

例 動き・群れ・答え・祭り・暑さ・重み・悲しげ　など

例外 頂・話・帯・係　など

送り仮名の付け方の決まりには例外が多いので、迷ったら辞書で確かめましょう。

第18日

仮名遣いが間違っているからかも……

学習日　　月　　日

1問5点

点

コンピュータはとても利口ですから、入力した言葉はいつも正確に即、変換してくれます。

しかし、ちょっともたついてなかなか変換してくれない言葉や漢字がありますね。なぜでしょうか？

それは、入力するとき、仮名遣いが間違っているからかもしれませんよ。

正しい仮名遣いを確認しておきましょう。

●矢印の下の傍線の言葉に変換するには、どのように入力すればよいでしょうか。ひらがなで書きましょう。

（例）おとうさん　→　お父さん

□①［　　］→　灯台

□⑨［　　］→　部屋を片付ける

□⑩［　　］→　手作りの服

□⑪［　　］→　旅は道連れ

□⑫［　　］→　発表する

□⑬［　　］→　布が縮む

□⑭［　　］→　鼓を打つ

まるこさんのアドバイス

仮名遣いの原則と例外をおさえましょう。

例えば、オ列の長音の書き方の原則は

●オ列の仮名に「う」を添える。

例
とうだい
ほうる

例外　「通る」「氷」「多い」などはオ列の仮名に「お」を添える。

とおる
こおり
おおい

仮名遣いで面倒なのは、「じ」と「ぢ」。「ず」と「づ」。

原則は、

●同音が続く語は、下の仮名に濁点。

□ ② □
球を放る

□ ③ □
次週に続く

□ ④ □
鼻血が出る

□ ⑤ □
底力を発揮する

□ ⑥ □
発表間近

□ ⑦ □
三日月が美しい

□ ⑧ □
小遣いを値上げする

□ ⑮ □
横綱の土俵入り

□ ⑯ □
地震が多い国

□ ⑰ □
地面に絵をかく

□ ⑱ □
氷が張る

□ ⑲ □
並木通りを歩く

□ ⑳ □
句会を催す

↓解答は別冊6ページ

例
ちぢれる
つづみ
つづく

●二語が合わさってできる語は、その語に濁点。

例
鼻血（はなぢ）
入れ知恵（いれぢえ）
底力（そこぢから）
三日月（みかづき）

しかし、例外が問題です！

例外 「地面」「図画」「布地」は漢字の音読みでもともと濁っているので「じ」「ず」と書く。

じめん
ずが
ぬのじ

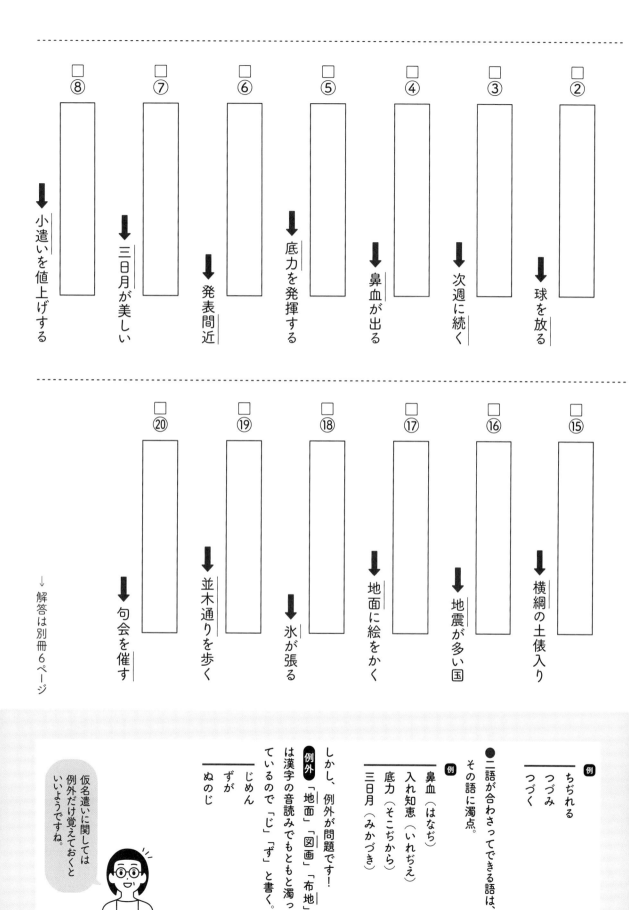

仮名遣いに関しては例外だけ覚えておくといいようですね。

第19日

第二章　漢字の書き　同音異義語①

観賞する？　それとも、鑑賞する？

学習日　　月　　日

1問5点

点

「絵画をカンショウする。」の「カンショウ」は、「観賞」、「鑑賞」のどちらだったかなどと、迷ってしまうことって多いですよね。
今回はこのような意味や形が似ていて違いがわかりにくい同音異義語を取り上げます。正しい書き分けを身につけましょう。

●次の□に当てはまる同音異義語をそれぞれ漢字で書きましょう。

□①　絵画を［カンショウ］する。
□②　［カンショウ］用の植物。

□⑪　彼の意見に［イギ］を唱える。
□⑫　参加することに［イギ］がある。

□⑬　人事［イドウ］により、北海道に赴任する。
□⑭　机を窓際に［イドウ］する。

まるこさんのアドバイス

「カンショウ」と読む同音異義語は実にたくさんあります。意味や用例を確認しておきましょう。

感傷…物事に感じやすく、すぐ感情が動かされること。
例　感傷的になる。

鑑賞…芸術作品などを見て、よさを味わうこと。…①
例　名画鑑賞を楽しむ。

干渉…当事者でない者が口を出して、自分の考えに従わせようとすること。
例　私生活に干渉する。

観賞…自然や動植物などの美や趣を味わうこと。…②
例　月を観賞する。

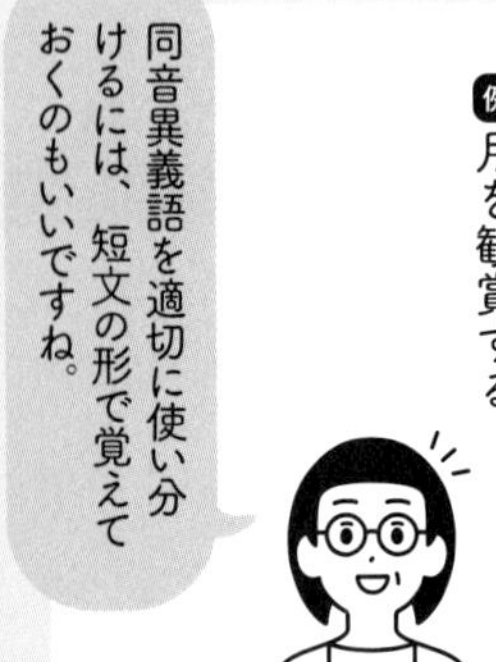
同音異義語を適切に使い分けるには、短文の形で覚えておくのもいいですね。

□③ 切手を［　　　］する。（シュウシュウ）
□④ 事態を［　　　］する。（シュウシュウ）

□⑤ 利潤を［　　　］する。（ツイキュウ）
□⑥ 責任を［　　　］する。（ツイキュウ）
□⑦ 宇宙の真理を［　　　］する。（ツイキュウ）

□⑧ 幼児が［　　　］の本。（タイショウ）
□⑨ ［　　　］的な性格だ。（タイショウ）
□⑩ 左右［　　　］の模様。（タイショウ）

□⑮ 報道番組を［　　　］する。（セイサク）
□⑯ 工場で家具を［　　　］する。（セイサク）

□⑰ 韓国映画に［　　　］がある。（カンシン）
□⑱ 俳優の演技に［　　　］した。（カンシン）

□⑲ 製品の品質を［　　　］する。（ホショウ）
□⑳ 国民の権利を［　　　］する。（ホショウ）

↓解答は別冊6ページ

混同しがちな同音異義語の意味を確認しておきましょう。

「ツイキュウ」
⑤追い求めること。
⑥問い詰めること。
⑦明らかにして究めること。

「タイショウ」
⑧働きかける目標となるもの。
⑨照らし合わせて比べること。
⑩対応してつり合うこと。

「イギ」
⑪異なった意見。反対の意見。
⑫価値や重要性。

「セイサク」
⑮芸術作品などを作ること。
⑯機械などを使って物を作ること。

「ホショウ」
⑲大丈夫だと請け合うこと。
⑳安全なように守ること。

⑲は「保証書付きのテレビ」、⑳は「安全保障条約」などと使います。

第20日

第二章 漢字の書き 同音異義語②

コンピュータの誤変換に気をつけよう

学習日 月 日

1問5点

点

熟語には、同じ読みでも意味が異なるものがありますので、文章を書くときや入力した仮名を変換するとき、とても迷うことがありますね。

今回は、同じ音《おん》で意味の異なる熟語（同音異義語）の書き分けを確認しておきましょう。

●傍線部の漢字が正しいときは□に○を、間違っているときは、正しい漢字に直して書きましょう。

□① 新規事業の成功を核心する。

□② 高校の体育館を市民に開放する。

□③ 上司の支持に従って、商談を進める。

□⑩ 結婚を機に、心機一転し、生活態度を改めた。

□⑪ 誰に対しても肝要な態度で接する。

□⑫ 新たな取引先の方々と名刺を交歓した。

□⑬ 近年、人々の清潔志向が高まっている。

□⑭ 駅から会社までの所用時間を調べる。

まるこさんのアドバイス

同じ音《おん》で意味の異なる熟語（同音異義語）は、意味の違いを考えて適切に書き分けましょう。

①核心…物事の中心となる大事な部分。
革新…古い制度や組織、習慣などを変えて新しくすること。
確信…かたく信じること。

②開放…自由に出入りできるようにすること。
解放…束縛や制限を解いて自由にすること。

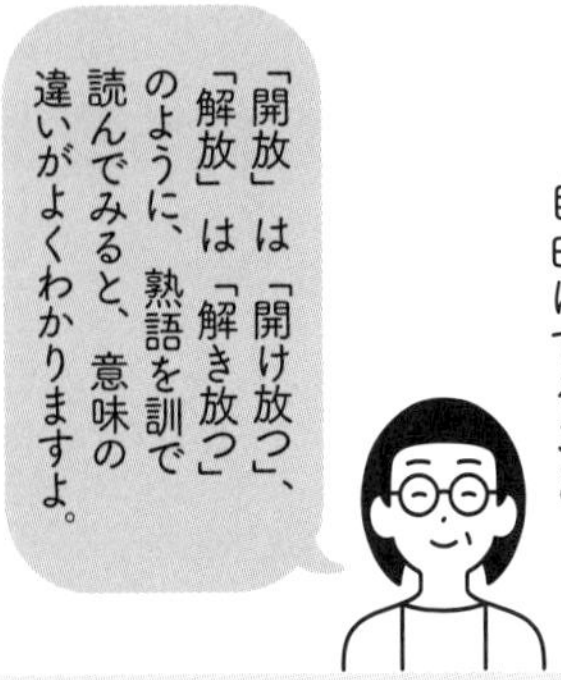
「開放」は「開け放つ」、「解放」は「解き放つ」のように、熟語を訓で読んでみると、意味の違いがよくわかりますよ。

□④ 調査の結果、以外な事実が判明した。

□⑤ 大人らしく、深長な行動をとる。

□⑥ 異常気象によって、洪水の驚異にさらされる。

□⑦ 芥川《あくたがわ》龍《りゅう》之《の》介《すけ》の「羅生門《らしょうもん》」は、まさに普及の名作だ。

□⑧ 昨年の洪水では、濁流が家の中に侵入した。

□⑨ あの体操選手は並行感覚に優れている。

□⑮ 出張にかかった経費を清算する。

□⑯ 先人の教えを心に明記する。

□⑰ 国会で総理大臣が初心表明演説を行った。

□⑱ 陣容を立て直して、反抗に転じた。

□⑲ 特異な形状の貝がらを収集する。

□⑳ 彼が今回のプロジェクトのリーダーだという既製事実をつくる。

↓解答は別冊6ページ

③**支持**…賛成し援助すること。
指示…指図すること。

④**以外**…それを除いた、ほか。
意外…思いのほか。案外。

⑨**並行**…並んで進むこと。
平行…平面上の直線や平面が交わらないこと。
平衡…つり合いがとれて安定した状態を保つこと。

⑪**肝要**…大切である様子。
寛容…心が広い様子。

⑮**清算**…貸し借りを整理して、後始末をつけること。
精算…最終的な計算をすること。

⑰**初心**…思い立ったときの強いこころざし。
所信…自分が正しいと信じること。

⑳**既製**…すでに商品として出来上がっていること。
既成…すでに成り立っていること。

第21日

第二章 漢字の書き 同訓異字①

「潮の流れ」「塩の流れ」、正しいのは？

学習日　　月　　日

1問5点

点

訓読みが同じで意味の異なる漢字（同訓異字）には、紛らわしいものがたくさんあります。その使い分けが正しくできると、国語の教養が感じられますね。意味の違いを知って、正しく使い分けられるようにしましょう。

●傍線部の漢字が正しいときは□に○を、間違っているときは、正しい漢字に直して書きましょう。

□① 地中海に望むおしゃれなホテルに宿泊してみたい。 □

□② 大雨に供えて、長靴を履いて出かけた。 □

□③ この海は、塩の流れがとても速い。 □

□⑩ 今年の夏の熱さは致命的だ。 □

□⑪ 五月の初めごろに、海外出張がありそうだ。 □

□⑫ 電子レンジでご飯とおかずを暖めて食べた。 □

□⑬ 製造コストを見直す必要があると必死に解いた。 □

□⑭ 全ての責任は自分が追うので思い切って挑戦して欲しいと、上司が僕に言った。 □

まるこさんのアドバイス

意味の違いを知って、同訓異字を適切に使い分けましょう。

①**望む**…願う。遠くから眺める。
臨む…面する。出席する。直面する。

②**供える**…神仏などに物をささげる。
備える…前もって準備や心構えをしておく。

⑦**見る**…目で物の形などをとらえる。
診る…体の具合などを調べる。

⑧**増やす**…物などの数を多くする。
殖やす…貯金などを多くする。

□④ 桃は痛みやすいので、早く食べよう。

□⑤ 運動不足だという友人に、軽いランニングをするように進めた。

□⑥ 魔が差したのか、もらった花瓶をこなごなに割ってしまった。

□⑦ 医者に見てもらったら、心臓が少し弱っているということだ。

□⑧ 財産を増やすためには、極力節約に努めることだそうだ。

□⑨ 彼女を委員長に押すつもりだ。

□⑮ 部屋を借りるには、保証人が要るとのことだ。

□⑯ 来月から経理関係の仕事に付くことが決まった。

□⑰ 愛犬が遊ぶ様子をビデオで取る。

□⑱ 大きな紙をA４のサイズに絶つ。

□⑲ 週刊誌に自社の広告が乗る。

□⑳ 体に障るので、食べ過ぎや飲み過ぎには気をつけている。

↓解答は別冊6ページ

⑬**解く**…ほどく。解除する。答えを出す。
説く…説明する。

⑯**付く**…二つものが離れない状態になる。
着く…ある所まで達する。
就く…ある地位や仕事などに身を置く。

「付く」は「添付」、「着く」は「到着」、「就く」は「就職」などの熟語を手がかりにすると、同訓の漢字の使い分けがわかりますよ。

⑰**取る**…手でつかんで持つ。手に入れる。奪う。
採る…人材を採用する。採取する。採決する。
撮る…撮影する。

⑲**乗る**…台や乗り物などにのぼる。
載る…書物などの紙面に出る。

第22日

第二章　漢字の書き　同訓異字②

税金は、納める？収める？

三つも四つも同訓異字がある言葉の中には、意味も似ていて使い分けに迷うものが多くありますね。間違いを防ぐためには自分なりに工夫をして使い分けを覚えることが大切です。
今回は、同訓異字の覚え方を工夫しながら問題に取り組んでみましょう。

●次の傍線部の漢字をあとの□に書きましょう。

① 学生の便宜をはかって、自由にパソコンを利用できるようにする。
② 犯罪グループが特殊詐欺をはかる。
③ 審議会にはかって、法案を定めた。
④ 窓の縦と横の長さをはかって、カーテンを作る。

①　②　③　④

⑩ 住民からの抵抗にあって、マンション建設は中止になった。
⑪ 姉とは食べ物の好みがあわないので、献立を巡って、よく言い争いになる。

⑩　⑪

⑫ 突然、会議の司会をつとめるように言われて、緊張した。
⑬ 銀行につとめている知人に融資の相談を持ち掛けた。
⑭ 四月から社会人になる弟は、今から早寝早起きにつとめている。

⑫　⑬　⑭

学習日　　月　　日

1問5点

点

まるこさんのアドバイス

同訓異字を使い分けるためには、代表的な使い方を短文の形で覚えておくのも一つの方法です。

例えば「はかる」は……

図る　例　再起を図る。逃亡を図る。
測る　例　距離を測る。面積を測る。
量る　例　体重を量る。容積を量る。
計る　例　タイムを計る。タイミングを計る。
諮る　例　上司に諮って決める。対策を委員会に諮る。
謀る　例　悪事を謀る。まんまと謀られた。

「謀略・陰謀」などの言葉があるように「謀る」は、いいことには使われません。

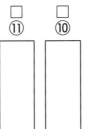

⑤危険をおかして、ヨットによる太平洋横断を決行した。

⑥法をおかしても平然としているのは、確たる理由があるからだろうか。

⑦相手のプライバシーをおかすような発言や行動は慎むべきだ。

□⑤ □⑥ □⑦

⑧公認会計士の資格を取得するために、目の色をかえて勉強した。

⑨仕事中、窓を開けて部屋の空気を入れかえた。

□⑧ □⑨

⑮よい天気なので、洗濯物がよくかわくはずだ。

⑯軽くランニングしただけで、のどがからからにかわいた。

□⑮ □⑯

⑰株式で利益をおさめた人物の講演会が行われた。

⑱国民一人ひとりがおさめる税金が国家の財政を支えている。

⑲中国の古代史をおさめるために、北京の大学に留学した。

⑳皇帝が国をおさめていた時代の遺跡が発掘された。

□⑰ □⑱ □⑲ □⑳

→解答は別冊6ページ

同訓異字を書き分けるには、よく似た意味の熟語が手がかりになることがあります。

「おかす」は……
⑤「冒険」から→「冒す」。
⑥「犯罪」から→「犯す」。
⑦「侵害」から→「侵す」。

「つとめる」は……
⑫「任務」から→「務める」。
⑬「勤労」から→「勤める」。
⑭「努力」から→「努める」。

「かわく」は……
⑮「乾燥」から→「乾く」。
⑯「渇水」から→「渇く」。

「おさめる」は……
⑰「収益」から→「収める」。
⑱「納税」から→「納める」。
⑲「修学」から→「修める」。
⑳「政治」から→「治める」。

訓読みの言葉と音読みの熟語を関連付けながら覚えると、語彙力がどんどん増していきますね。

第23日

第二章　漢字の書き　三字熟語

よく使う三字熟語、書き間違えていませんか？

学習日　　月　　日

1問5点

点

三字熟語（漢字三文字から成る熟語）は、四字熟語に比べて、日常生活でよく使う言葉が多いですね。

よく使う言葉だけに、読みや意味とともにきちんと書けるようにしておきたいものです。

●傍線部のカタカナを漢字に直して□に書きましょう。

□①苦手な分野に対するセンニュウカンを捨てて、まずは挑戦してみることだ。

□②ムフンベツにも悪天候の中で登山を決行して、遭難しかけた。

□⑩この大会は、彼女の実力をはかるシキンセキとなった。

□⑪ナマハンカな知識では対応できない。

□⑫今年の流行を言い当てた姉はセンリガンの持ち主だ。

□⑬あの政治家はダム建設反対のキュウセンポウだ。

□⑭皆に反対されて、イコジになった。

まるこさんのアドバイス

まずは、意味を把握して正しい漢字に直しましょう。

①「センニュウカン」の「カン」は、「感」ではない。「感」は「感じ」、「観」は「見方・考え方」。

②「ムフンベツ」は、「分別」が「無い」という意味。

⑥「ゴクサイシキ」は、濃くて派手な色彩のこと。

⑧「カンイッパツ」の「パツ」を「発」と書く間違いが多い。

⑨「キンジトウ」は、ピラミッド。不滅の業績を残すことを「金字塔を打ち立てる」という。

⑩「シキンセキ」は、もともと「貴金属の鑑定に用いる石」という意味。

□③ 利益をドガイシして商品を販売する。

□④ ある彫刻家のシュウタイセイともいえる作品を展示する。

□⑤ 祖父は日本の伝統芸能にイッカゲンを持っている。

□⑥ ゴクサイシキのドレスを着て踊る。

□⑦ 事件後、すぐにゼンゴサクを講じた。

□⑧ カンイッパツのところで助かった。

□⑨ 医学会でキンジトウを打ち立てる。

□⑮ 昨年度の優勝チームがシンコッチョウを発揮して、逆転勝利を収めた。

□⑯ 式のはじめにチョウコウゼツをふるわれてはたまらない。

□⑰ 神様のゴリヤクだけが頼りだ。

□⑱ サップウケイなオフィスで働く。

□⑲ フタイテンの決意で新しい技術の開発に臨む。

□⑳ 彼はイタケダカな態度で部下に命令した。

↓解答は別冊7ページ

⑪「ナマハンカ」は、「中途半端」という意味。

⑫「センリガン」は、「千里の先まで知ることができる能力」という意味から、将来の事柄や遠隔地の出来事、隠された物事を見通すことのできる能力を表す。

⑬「キュウセンポウ」は、先頭に立って勢いよく行動すること。また、その人。

⑯長々と話し続けることを「長広舌をふるう」という言い方をする。

⑰「ゴリヤク」の「リヤク」は「利益」と書くことに注意する。

⑲「フタイテン」は「退転」（志を曲げてくじけること）しないこと。

第24日

四字熟語をさりげなく使ってみたい

第二章　漢字の書き　四字熟語①

学習日　　月　　日

1問5点

　　点

日常生活の中で四字熟語を使う機会や必要はそれほど多くはありませんね。それだけに、適切に使えば、ちょっとかっこいい。
四字熟語をさりげなく使ってみたいですね。

●次の□に入る漢字を書き入れて四字熟語を完成させましょう。

□① 新商品の売れ行きに〔一□一□〕する。

□② 〔単□直□〕に労働条件の是正を要求した。

□③ 〔□死□生〕の妙案を思い付く。

□⑩ 強引なやり方をしたせいで、彼は〔四□楚□〕の状態になった。

□⑪ 僕と親友は〔□心□心〕の間柄だ。

□⑫ 監督が〔優□不□〕では、選手たちは戸惑ってしまうだろう。

□⑬ 〔粉□砕□〕して、新薬の開発に取り組む。

□⑭ 数字に強い彼に経理の仕事を任せるのは、〔適□適□〕だ。

まるこさんのアドバイス

四字熟語には漢数字を用いたものがたくさんあります。

例

一進一退…進んだり退いたりすること。

一石二鳥…一つの行いで二つの利益を得ること。一挙両得。

一喜一憂…喜んだり心配したりすること。…①

二束三文…数が多くて値段がきわめて安いこと。…⑨

十人十色…好みや性格などが人によって異なること。

千差万別…いろいろな種類があって、違いもさまざまであること。…⑲

千変万化…物事がさまざまに変化すること。

□ ④ 計画は〔順□満□〕に進んでいるように見えた。

□ ⑤ 弟の冒険談を〔半□半□〕で聞いた。

□ ⑥ 〔試□錯□〕を重ねて、実験を成功させた。

□ ⑦ 彼の〔意□深□〕な発言が、皆を困惑させた。

□ ⑧ 大事な商談を欠席してゴルフに行くとは、〔本□転□〕だ。

□ ⑨ 古道具を〔二□三□〕で売り払った。

□ ⑮ 兄は〔初□貫□〕して、医師になった。

□ ⑯ テレビのコメンテーターが芸能人のスキャンダルを〔□小□大〕に話している。

□ ⑰ 駅前の再開発に住民たちが〔異□同□〕に反対した。

□ ⑱ 寄付金を集めるために、〔□奔□走〕した。

□ ⑲ 議長が〔千□万□〕の意見を一つにまとめ上げた。

□ ⑳ 敵対していた隣国同士が、環境問題に対しては〔呉□同□〕で取り組んでいる。

↓解答は別冊7ページ

次の四字熟語は故事成語です。故事と意味を確認しましょう。

⑩「四面楚歌」

故事…楚《そ》の項羽《こうう》が漢の劉邦《りゅうほう》の軍に包囲されたとき、四方から漢軍が歌う楚の歌が聞こえてきた。項羽は、楚の民はすでに漢に降伏したのかと嘆いた。

意味…周囲が敵ばかりであること。

⑳「呉越同舟」

故事…宿敵同士の呉《ご》と越《えつ》の者が同じ舟に乗り合わせたが、暴風に襲われて舟が転覆しそうになると、呉と越の者は助け合った。

意味…敵対する者同士が同じ場所に居合わせること。また、敵対する者同士が共通の困難に対して助け合うこと。

第25日

第二章　漢字の書き　四字熟語②

四字熟語は語彙力のバロメーター

学習日　　月　　日

1問5点

点

語彙力といえば四字熟語を思い浮かべる人もいるかもしれませんね。四字熟語はそれほど雑多で、また、奥深いものです。その場にふさわしい四字熟語を使ったり書いたりすると、あなたの語彙力が見直されることになるかもしれませんね。

●次の〔　〕の中の漢字を組み合わせて、文意に合う四字熟語を完成させ、□に書きましょう。

□① 友人からの便りを〔一・千・日・秋〕の思いで待つ。

□② 脛《すね》を打って、〔倒・八・七・転〕した。

□③ 〔一・千・載・遇〕のチャンスを逃す。

□⑩ 彼は自分で考えずに、すぐに上司の考えに〔雷・付・和・同〕する。

□⑪ 一回戦の相手は弱小チームだと言われているが、〔大・断・敵・油〕だ。

□⑫ 〔無・有・名・実〕な法律を改正する。

□⑬ 経営側の〔改・令・暮・朝〕により、企画書が何度も修正された。

□⑭ 聞きかじりの知識で世界経済を論じるとは、〔万・笑・千・止〕だ。

まるこさんのアドバイス

問題の文から意味を推測して四字熟語を完成させましょう。

① 一日が千年のように長く感じられるほど、待ち遠しいこと。「イチニチセンシュウ」とも読む。

③ 千年に一度しかめぐりあえないほど、めったにないこと。

④ 晴れた日は外で耕し、雨の日は家の中で本を読むこと。そこから、悠々自適の生活を表す。

⑤ 深い霧が五里四方にたちこめると方角がわからない状態になることから、状況がわからず、見通しが立たないこと。

□④ 定年後は、故郷で〔耕・読・晴・雨〕の暮らしをするつもりだ。

□⑤ 資金難のため、開発計画はいまだに〔霧・里・五・中〕だ。

□⑥ 無名だった彼が金メダルをとるとは、〔地・動・驚・天〕の出来事だ。

□⑦ 〔電・火・石・光〕の早業で仕事を片付けた。

□⑧ 旅先での〔一・一・会・期〕を大切にしている。

□⑨ 〔後・絶・空・前〕の大事件が起きた。

□⑮ 意見は〔異・同・大・小〕で、変わったものはなかった。

□⑯ あのゴルファーは〔器・晩・大・成〕で、三十歳でプロになった。

□⑰ 〔言・語・飛・流〕に惑わされる。

□⑱ 差別するとは、〔道・言・語・断〕だ。

□⑲ 〔枝・末・葉・節〕にこだわり、問題の核心を見落とした。

□⑳ 外国産の魚介を国産と表示して売るとは、まさに〔頭・肉・羊・狗〕だ。

↓解答は別冊7ページ

⑫名だけがあって、実《じつ》がないという意味。上の二字と下の二字が反対の意味を表している。

⑬朝、出した命令を夕方には改めることから、命令や方針がたえず改められてあてにならないことを表す。

×朝礼→○朝令です。

⑭「ショウシセンマン」ではなく、「ショウシセンバン」と読む。

⑰世間に言いふらされる確証のない情報という意味。上の二字と下の二字が似た意味を表している。

⑳羊の頭を看板に出しながら実際は狗（イヌ）の肉を売ることから、見かけは立派だが内容がともなわないことを表す。

四字熟語の由来がわかると、覚えやすいですね。

チャレンジ問題②
三・四字熟語

問い　次の□に当てはまる漢字を書いて、下線部の三字熟語や四字熟語を完成させましょう。

①一回戦の対戦相手は、優勝の下□評が高いチームだ。

②生□法は大けがの基だと言われている。

③彼はどちら側にもつかず、日□見を決め込んだ。

④お茶をたてているときは、明□止□の心境だ。

⑤無□乾□な数字の羅列にあきあきした。

⑥彼女は危機に直面しても、泰□自□としていた。

⑦紆□曲□の末に、納得のいく製品が完成した。

⑧捲□重□を期して、日々の努力を怠らない。

⑨世界を縦□無□に飛び回って仕事をする。

⑩この商品が優れていることは、一□瞭□だ。

→解答は別冊7ページ

第三章

言葉の意味と使い方

言葉の意味を正しくとらえて正しく使う…正しいだけではなく、よりよい表現を目指すこと。そうしてこそ、大人としての表現力が身につくものです。問題を解きながら一段上の表現力を磨きましょう。

ずいぶん嬉しそうだね。どうしたの?
今度の昇給、雀の涙だってさ〜。嬉しいな!
え?
「雀の涙」って、目から涙があふれそうなくらいたっぷりってことでしょ?
10000
10000
10000
……ということがあったんだけど、意味がちょっと違う気がするんだ。
「雀の涙」は、ごくわずかなもののたとえです。慣用句の使い方を間違えると、とんでもないことになりますね。

第26日

熟語のあやふやな意味をはっきりさせたい

学習日　　月　　日

1問5点　　　点

よく見かける言葉、なんとなく読んでいるけれど、ふと考えたら、どういう意味だっけ、ということがありますよね。あやふやな熟語の意味ははっきりさせておかないと、会話がかみ合わなかったりするものです。意味を確認しておきましょう。

●傍線部の熟語の意味をあとから選び、記号で答えましょう。

□① 彼はテニス界の逸材だ。
ア 優れた才能をもつ人物。
イ 第一線で活躍していた人物。
（　　）

□② 進捗状況を報告する。
ア 以前より進歩している様子。
イ 仕事などのはかどり具合。
（　　）

□③ 日本植物学界の泰斗。
ア 歴史に残るほど有名な発見。
イ その分野における権威者。
（　　）

□⑩ 過去を暴露する。
ア 本当のことを打ち明けること。
イ 人の悪事や秘密をあばくこと。
（　　）

□⑪ 地域のガス管を敷設する。
ア 設備などを設置すること。
イ 設備などの土台を作ること。
（　　）

□⑫ 甚大な被害が報告された。
ア 物事の程度が極めて大きいこと。
イ 程度がますます大きくなること。
（　　）

□⑬ 岳父の病状を案じる。
ア 妻の父のこと。
イ 夫の父のこと。
（　　）

□⑭ 昔からの伝統を遵守する。
ア より良い規則に変えること。
イ 規則などを守り、従うこと。
（　　）

まるこさんのアドバイス

熟語の意味とともに読みも確認しておきましょう。
②「進捗」の読みは「シンチョク」。「捗」の訓は「はかど-る」。
③読みは「タイト」。「泰斗」は、「泰山北斗《たいざんほくと》」の略で、「泰山」は古代中国の名山の名、「北斗」は天の中心北斗七星のこと。ここから、ある分野で最も尊敬される人のたとえとして使う。
⑤読みは「キョウサ」。「教唆」の「唆」の訓は「そそのか-す」。よい意味には使わない。
⑥読みは「タイゼン」。または「ダイゼン」とも。
⑦読みは「カクシ」、または「キャクシ」とも。
⑧読みは「ショウヨウ」。「従容として」は、普段どおり落ち着いている様子。「逍遥《しょうよう》」は、

□④ 求心力の高い人が選ばれた。　（　　）
ア 人を押しのける力。
イ 人の心を集める力。

□⑤ 若者を教唆する。　（　　）
ア 悪事をけしかけること。
イ 正しいことを教えさとすこと。

□⑥ 経済用語大全を買い求める。　（　　）
ア それに関することを全て集めたもの。
イ それに関する本の中で最も厚いもの。

□⑦ 彼は残念ながら客死した。　（　　）
ア 外国要人を接客中に死ぬこと。
イ 旅先で死ぬこと。

□⑧ 従容として敵地に赴いた。　（　　）
ア おとなしく言うことを聞く様子。
イ ゆったりと落ち着いている様子。

□⑨ 子どもを見て相好をくずす。　（　　）
ア 顔に表れた様子。
イ 怒った顔の様子。

□⑮ 凡例を丁寧に読む。　（　　）
ア 辞書などの初めに記す方針や使い方。
イ 書物などの誤りを訂正した部分。

□⑯ 瑣末《さまつ》なことを気に病む。　（　　）
ア 人聞きが悪い様子。
イ 重要でない様子。

□⑰ 広く喧伝《けんでん》された話だ。　（　　）
ア 世間に言いふらすこと。
イ 効果を誇大に広告すること。

□⑱ 油断をして言質を与える。　（　　）
ア みんなに反対されそうな言葉。
イ 後々の証拠となるような言葉。

□⑲ 既視感を覚える。　（　　）
ア 見たことがある別物と錯覚すること。
イ 未経験なのに経験したと感じること。

□⑳ 権柄《けんぺい》をふるう。　（　　）
ア 政治上の実権や支配力。
イ 他を見下す横柄な態度。

→解答は別冊8ページ

ぶらぶら歩くこと。
⑨読みは「ソウゴウ」。顔つきのこと。
⑩「ばらすこと」で、「陰謀を暴露する」「内情を暴露する」などと使う。

暴露を得意とする週刊誌もありますね。

⑰読みも意味も「宣伝」と間違いやすい。
⑱読みは「ゲンチ」。

言質を与えてしまわないように、くれぐれも口を慎みましょう。

⑲一度も経験したり見たりしたことがないのに、既に経験したり見たりしたように感じること。「デジャビュ」ともいう。
⑳「権柄ずく」は、「権力に任せて強引にことを行うこと」という意味の慣用句。

ニュースの言葉の意味、理解していますか？

学習日　　月　　日

1問5点

点

新聞やテレビなどのニュースで毎日のように見聞きする言葉の中には、意味がよくわからないという言葉がたくさんあるものですね。

そんな言葉の意味を理解して、時事問題についての大人の会話に生かしたいものです。

●傍線部の言葉の意味を、それぞれあとから選び、記号で答えましょう。

□① 為替相場の変動を注視する。（　）

□② 仮想通貨の口座を開設する。（　）

□③ 日米で価格の協定を結ぶ。（　）

□④ 値上げで家計が逼迫《ひっぱく》する。（　）

□⑤ 満期日に手形を現金化する。（　）

●（　）に入る言葉を、それぞれあとの語群から選び、漢字に直して（　）に書きましょう。

□⑪ 輸入品に対して課せられる税を（　）という。（　）

□⑫ 物事がたどってきた道筋を（　）という。（　）

□⑬ 事業などの計画に加わることを（　）という。（　）

□⑭ 組織などができて、活動が始まることを（　）という。（　）

□⑮ 規則などをあてはめて用いることを（　）という。（　）

まるこさんのアドバイス

ついでに、関連する言葉の意味なども知っておきましょう。

①「為替」は、「かわせ」と読む。
・本来、「現金を用いず小切手などで送金すること」という意味。
・「為替相場」のことを「為替レート」ともいう。
・「外国為替」は、外国との取引を手形で行う仕組みのこと。なお、外国為替のことを外為（がいため）ということもある。

④「逼」「迫」は、どちらも「せまる」という意味。

⑪「かんぜい」を「間税」と書き間違えないよう注意。

〈①〜⑤〉

ア　行き詰まって余裕のない状況になること。
イ　指定期日に金額の支払いを約束した証書。
ウ　二国間の通貨の交換比率。
エ　争いを避けるため、取り決めをすること。
オ　インターネット上のみで流通する通貨。

□⑥　利害が対立し、訴訟を起こす。〔　　〕
□⑦　敵対する相手に報復する。〔　　〕
□⑧　親族の負債を賠償する。〔　　〕
□⑨　空港で薬物が押収された。〔　　〕
□⑩　大学の専門部会に諮問する。〔　　〕

〈⑥〜⑩〉

カ　裁判所などが証拠物を確保すること。
キ　公の場にうったえ出ること。
ク　有識者や機関などに意見を求めること。
ケ　不利益を与えられた者が仕返しをすること。
コ　他人に与えた損害をつぐなうこと。

〈⑪〜⑮〉

セツゼイ　テキヨウ　サンカク
ホッソク　カンゼイ　ケイロ

□⑯「令和」など、年につける称号を、年号や（　　）という。〔　　〕
□⑰　新年などに皇居で祝賀の意を表す行事を一般（　　）という。〔　　〕
□⑱　皇室や天皇の事務をつかさどる省庁を（　　）庁という。〔　　〕
□⑲　意見や主張などを発表することを（　　）という。〔　　〕
□⑳　政府の長による施政方針演説を（　　）表明演説という。〔　　〕

〈⑯〜⑳〉

サンガ　ショシン　テイショウ
キュウチュウ　ゲンゴウ　クナイ

↓解答は別冊8ページ

・関税率は、法律や条約に基づいて決められる。
・関税による収入は、国の収入となる。

⑭「発足」は「はっそく」とも読み、意味は同じ。

⑯「年号」は、天皇などの在位期間などにつける呼び名。

近年は「明治」→「大正」→「昭和」→「平成」→「令和」と変わりましたね。

ちなみに、その時代の天皇を表すとき、過去の年号を冠して「明治天皇」「昭和天皇」などとは言っても、現在の天皇を「令和天皇」とは言いません。「今上《きんじょう》天皇」と言います。

⑳「施政方針演説」は、国会で総理大臣がその年の基本方針や政策を示すための演説。

第28日

第三章　言葉の意味と使い方　対義語・類義語

覚えておくと便利な対義語・類義語

学習日　　月　　日

1問5点

点

反対の意味の言葉を使いたいとき、また、似た意味の言葉の中でどれを使ったらいいか迷うとき、対義語・類義語を知っているととても便利です。

ぜひ表現に役立てましょう。そのためには。基本的な類義語と対義語はしっかりおさえておきましょう。

●□に漢字を入れて、対義語を完成させましょう。

□① 主観 ⟷ □観　［　　］

□② 有効 ⟷ □効　［　　］

□③ 拡大 ⟷ □小　［　　］

□④ 需要 ⟷ 供□　［　　］

□⑪ 手段を考える　（　　）

□⑫ 結果に落胆する　（　　）

□⑬ 才能に敬服する　（　　）

□⑭ 欠点をなくす　（　　）

〈⑧〜⑭〉

ケツボウ　タンショ　チョウホウ
ヨウイ　カンシン　ニンム
ホウホウ　エイキュウ　シツボウ

まるこさんのアドバイス

対義語は次のような型に分けられます。

●同じ漢字を用いるもの。
①「主観」⟺「客観」
相対⟺絶対
優遇⟺冷遇

●否定の接頭語をつけるもの。
②「有効」⟺「無効」
決定⟺未定
便利⟺不便

●対の意味をもつ語を含むもの。
③「拡大」⟺「縮小」
上昇⟺下降
収入⟺支出

●言葉全体で対義語となるもの。
④「需要」⟺「供給」
勝利⟺敗北
生産⟺消費

□⑤ 具体 ⟷ □象　□

□⑥ 非凡 ⟷ □凡　□

□⑦ 短縮 ⟷ □長　□

●傍線部の類義語をあとの語群から選び、漢字に直して（　）に書きましょう。

□⑧ 永遠の眠り　（　　）

□⑨ 使命を果たす　（　　）

□⑩ ビタミンの不足　（　　）

●（　）内の類義語のうち、より文意に適したほうを○で囲みましょう。

□⑮ 私がウォーキングをする（理由・原因）は、ダイエットです。

□⑯ 売上倍増を（目的・目標）にして、社員一同協力してがんばる。

□⑰ 金持ちの叔母は、海の近くに別荘を（所持・所有）している。

□⑱ 普段はもの静かな彼が、スポーツが得意だなんて、（意外・案外）だった。

□⑲ 企業が（健康・健全）な社会活動をアピールする。

□⑳ 光熱費が急騰しているので、せめて水を（節約・倹約）しよう。

↓解答は別冊8ページ

類義語は次のような型に分けられます。

●同じ漢字を用いるもの。

⑧「永遠」＝＝＝「永久」

案外＝＝＝意外

活発＝＝＝快活

●同じ漢字を用いないもの。

⑨「使命」＝＝＝「任務」

用意＝＝＝準備

傾向＝＝＝風潮

価格＝＝＝値段

類義語の中でも場面や状況によっては言い換えられない場合もあります。より適切な言葉を使いましょう。

⑮「理由」＝＝＝「原因」

理由…ある行動や判断の根拠となること。

原因…ある結果を引き起こす元になること。

「原因」は、あまりよくない状態になったとき、何がそれを引き起こす元になったかを表すときに使います。

第29日

第三章　言葉の意味と使い方　文法のおさらい①

文法の基本、品詞をおさらい

私たちが話したり書いたりする言葉の最小の単位が「単語」です。単語を文法上の機能で分類したものを「品詞」といいますね。
今回は、品詞についての基本的な知識を確認しておきましょう。

●次の（　）に入る品詞名をあとの語群から選び、記号で答えましょう。

□①動詞、（　）、形容動詞の三つを「用言」という。

□②（　）は、物事の動きや作用、存在などを表し、言い切りの形が「ウ段の音」で終わる。

□③（　）は、物事の性質や状態を表し、言い切りの形が「い」で終わる。

□⑨文や言葉を接続する品詞を（　）という。

□⑩（　）は、感動や呼びかけ、挨拶などを表す。

〈⑥〜⑩〉

ア　副詞　　イ　感動詞　　ウ　接続詞
エ　名詞　　オ　連体詞

●次の傍線部の品詞名をあとの語群から選び、記号で答えましょう。

□⑪夢を見る／三時に出かける

□⑫この人／我が国／大きな犬

□⑬本を読む／勉強する／嵐が来る

学習日　　　月　　　日

1問5点

点

まるこさんのアドバイス

品詞は全部で十個。自立語が八つ、付属語が二つです。

●動詞・形容詞・形容動詞を「用言」といい、続く言葉によって、形を変える（活用する）。

●用言の言い切りの形
動詞…「行く」→ウ段の音
形容詞…「かわいい」→「い」
形容動詞…「元気だ」「元気です」→「だ」「です」

用言の品詞を見分けるには、言い切りの形で判断すればいいですね。

●付属語（助詞・助動詞）で、活用するのは助動詞。

例えば「ます」は、「ません」「ました」などと活用します。

□④（　　）は、物事の性質や状態を表し、言い切りの形が「だ・です」で終わる。

□⑤自立語のうち、活用があるのは用言のみ。付属語では（　　）のみ活用がある。

〈①～⑤〉
ア 動詞　イ 助詞　ウ 形容動詞
エ 助動詞　オ 形容詞

□⑥物事の名前を表したり、物事を指し示したりする品詞を（　　）という。

□⑦（　　）は、主に用言を修飾する。

□⑧（　　）は、体言（＝名詞）のみを修飾する。

□⑭かわいい犬／光がまぶしい

□⑮便利な道具／今日も元気だ

□⑯すぐ行く／全く困らない

□⑰彼、または彼女／では、始めよう

□⑱やあ、元気かい／はい、そうです

□⑲先生が来られる／もう、済んだ

□⑳荷物を運ぶ／赤や黄色の花

〈⑪～⑳〉
ア 動詞　イ 形容詞　ウ 名詞
エ 副詞　オ 形容動詞　カ 助詞
キ 連体詞　ク 助動詞
ケ 感動詞　コ 接続詞

↓解答は別冊8ページ

⑫全て体言「人・国・犬」を修飾している。
⑬「勉強する」は一語の動詞（複合動詞）。
⑭「かわいい」「まぶしい」と、言い切りの形は「い」で終わる。
⑮「便利な」の言い切りの形は「便利だ」。
⑯用言を修飾している。
⑰語と語をつないでいる。「では」は、前に述べたことと話題を変えるときなどに使う。
⑱呼びかけや応答などを表す。
⑲「来られる」は尊敬の、「済んだ」は完了の助動詞。
⑳活用しない付属語。

第30日

第三章　言葉の意味と使い方　文法のおさらい②

小さいけれど大切な付属語の働き

学習日　　月　　日

1問5点

点

付属語（助詞・助動詞）は、自立語のあとに付いて関係を示したり、気持ちを表したりする、小さいけれど大切な単語です。しかし、私たちはついいい加減に付属語を使ってしまっています。自分の意思を正しく伝えるために正しい使い方を心がけたいものです。

●次の（　）に合う言葉をあとから選び、記号で答えましょう。

□①町内会で桜祭りの準備をした（　）、荒天のため、中止となった。　〔　　〕
ア　ので　　イ　のに　　ウ　と

□②何度読ん（　）理解できないのは、読み方が足りないからだ。　〔　　〕
ア　でも　　イ　ても　　ウ　では

□③彼女は英語も話せる（　）、フランス語も話せる。　〔　　〕
ア　と　　イ　し　　ウ　ながら

□⑩なだめたり、すかし（　）して、宿題をさせる。　〔　　〕
ア　たり　　イ　など　　ウ　ながら

□⑪叔母（　）、いつでも穏やかだ。　〔　　〕
ア　は　　イ　が　　ウ　まで

□⑫ブランド品の腕時計（　）欲しくて、アルバイトを始めた。　〔　　〕
ア　は　　イ　こそ　　ウ　が

□⑬そんな物は小学生（　）作れる。　〔　　〕
ア　でも　　イ　こそ　　ウ　しか

□⑭いちばん遠くまで投げ（　）た人が賞品をもらえる。　〔　　〕
ア　れ　　イ　させ　　ウ　られ

まるこさんのアドバイス

①〜⑬は助詞、⑭〜⑳は助動詞に関する問題です。

③「〜し」は前後に同じ内容を続けるときに用いる。

⑤「けれど」などと同じ働きで、前後を逆接でつないでいる。

「歌いながら仕事をする」などの「ながら」とは意味が違いますよ。

⑦「〜さえ…ば」の形で、〜に限定する意味を表す。

⑧そのものを強く指し示す意味を表す。

⑨特にそれと限定せず、例を示す。

□④　コーヒー（　　）紅茶、どちらがお好きですか。
ア　でも　イ　や　ウ　か　（　　）

□⑤　知ってい（　　）、知らないと嘘《うそ》をつく。
ア　るので　イ　ながら　ウ　ては　（　　）

□⑥　大きな音が聞こえた（　　）、窓を開けて外の様子をうかがった。
ア　ので　イ　だから　ウ　けれど　（　　）

□⑦　彼（　　）いなければ、私の作品が選ばれたはずだった。
ア　しか　イ　ばかり　ウ　さえ　（　　）

□⑧　万全の体制で臨んで（　　）、良い結果が得られるものだ。
ア　だけ　イ　でも　ウ　こそ　（　　）

□⑨　まだ時間があるので、夕飯（　　）いかがですか。
ア　でも　イ　さえ　ウ　ばかり　（　　）

□⑮　嫌がる息子に留守番を（　　）。
ア　せる　イ　させれる　ウ　させる　（　　）

□⑯　あなたにいただいたご恩は、決して忘れ（　　）。
ア　ない　イ　ます　ウ　よう　（　　）

□⑰　たぶん、彼女は家にいない（　　）。
ア　か　イ　です　ウ　だろう　（　　）

□⑱　彼女に会えるなんて、まるで夢を見ている（　　）。
ア　らしい　イ　ようだ　ウ　のだ　（　　）

□⑲　まさか、当選することはある（　　）と思っていた。
ア　らしい　イ　だろう　ウ　まい　（　　）

□⑳　もし過去に戻れる（　　）、高校時代をやり直してみたい。
ア　と　イ　なら　ウ　ので　（　　）

↓解答は別冊9ページ

「でも」は、「夕飯などいかがですか」と、「など」を使うこともできますね。

⑩「たり」は、「〜たり、〜たり」と並べて使う。

⑬極端な例を挙げて、他を類推させている。

⑯〜⑳は上にある一定の言葉（呼応の副詞）に注目！　下に決まった言い方を伴う言葉です。

⑯「決して」→「〜ない」
⑰「たぶん」→「〜だろう」
⑱「まるで」→「〜ようだ」
⑲「まさか」→「〜まい」
⑳「もし」→「〜なら（ならば）」

「呼応の副詞」なんていうと難しそうだけど、要は、上と下で対応する言い方をしないと、意図が正確に伝わらないということです。

第31日

大人らしい表現に言い換えよう

学習日　　月　　日

1問5点

点

主に若い人たちが使っているはやり言葉や、あまりに俗な言葉、練れていない言葉は、特に大人の会話や文書ではふさわしくありません。より適切な大人らしい言葉に言い換えましょう。

●傍線部を言い換えた言葉をあとから選び、記号で答えましょう。

□①どんな希望をもっているか、ぶっちゃけ話してくださいませんか。（　　）
ア 具体的に　イ 包み隠さずに

□②あなたのご意見には、イマイチ賛同しかねます。（　　）
ア とにかく　イ 今ひとつ

□③彼の経営能力は半端ないという評判です。（　　）
ア 並外れている　イ 中途半端だ

□⑩申し訳ありません。お届けするのをうっかり忘れておりました。（　　）
ア 失礼して　イ 失念して

□⑪私には、反対の考えはございません。（　　）
ア 異存　イ 意見

□⑫勝手ではございますが、私個人の用で休ませていただきます。（　　）
ア 私事　イ 私用

□⑬出過ぎたことですが、本日、進行役を務めさせていただきます。（　　）
ア 僭越《せんえつ》ですが　イ 力不足ですが

□⑭どうぞ遠慮しないご意見をお聞かせください。（　　）
ア 詭弁《きべん》のない　イ 忌憚《きたん》のない

まるこさんのアドバイス

傍線部の意味や会話の相手にも気をつけて、大人にふさわしい言い換えを選びましょう。

①「ぶっちゃけ」の語源は「打ち明ける」「ぶちまける」など。丁寧な言葉に言い換えると、「有《あ》り体《てい》に言うと」など。

④「微妙」は、本来「デリケート」というような意味だが、近年、否定的な返事を曖昧にするために使われている。

⑬「力不足」は、自分を謙遜して言う言葉ではあるが、「出過ぎた」という意味ではない。

⑭「忌憚」は、「言うのを遠慮すること」。「詭弁」は「こじつけた議論」。

□④ その会への参加については、私としては微妙です。（　　）
ア あまり気が進みません
イ 参加したいと思っています

□⑤ 暇だったら、資料の片づけを手伝っていただけますか。（　　）
ア 時間があれば
イ お手すきでしたら

□⑥ 期日まではちゃんとお届けいたします。（　　）
ア 確実に　イ きちんきちんと

□⑦ じゃあ、その件は次回のミーティングで決めたいと思います。（　　）
ア では　イ それじゃあ

□⑧ 私的《わたしてき》には、それは時期尚早だと思います。（　　）
ア 個人的には　イ 私見ですが

□⑨ あいにく七月は超忙しいので少し猶予をいただけますか。（　　）
ア 非常に　イ 異常に

□⑮ 定年まで病気も失敗もせず過ごしました。（　　）
ア 大過なく　イ 何もなく

□⑯ 実験は完全に失敗です。なので、即、原因を究明します。（　　）
ア したがいまして　イ だから

□⑰ めっちゃ安い値段で購入することができました。（　　）
ア たいへん　イ 珍しく

□⑱ すいませんが、詳しい数字を提示していただけますか。（　　）
ア 申し訳ございませんが
イ すまないとは思いますが

□⑲ 助けてくれた人に対しては感謝しかありません。（　　）
ア 感謝するのみです
イ 感謝の言葉もありません

□⑳ 先日お聞きした数字とごっちゃにしてしまいました。（　　）
ア 混同して　イ まぜこぜにして

↓解答は別冊9ページ

⑯「なので」を文頭に持ってくるのは間違った使い方。この場合は「だから」でもよいが、話し言葉的なので、言い換えとしては適切ではない。

⑰「めっちゃ」は、「めちゃくちゃ」を略した言葉で「大変・非常に」の意味で使われているはやり言葉。

⑱まず、「すいません」は「すみません」が正しい言い方。ここではより丁寧な言葉に言い換えたい。

⑲「…しかありません」という言い方も、最近よく見聞きする気になる言葉。

⑳「ごっちゃ」「ごちゃごちゃ」は俗語で、いろいろなものが入り混じって混乱する様子を表すが、改まった大人の会話では避けたい。

特にビジネスの場などでは、できるだけきちんとした簡潔な表現に言い換えたいですね。

第32日

第三章　言葉の意味と使い方　感心しない言葉遣い①

あるある、こんな言葉の間違った使い方

学習日　　月　　日

1問5点

点

誰もが意味や使い方を間違える言葉はなぜか決まっているものです。どんな言葉が間違えやすいかを知っておくと、その言葉を使うとき注意しますので、間違えないようになるものです。どんな言葉があるか、おさえておきましょう。

●傍線部の言葉の意味をあとから選び、記号で答えましょう。

□①　話のさわりだけ聞きたい。　〔　　〕
ア　中心となるところ　イ　最初の部分

□②　議論を尽くして、企画が煮詰まる。　〔　　〕
ア　行き詰まる　イ　結論に近づく

□③　彼女の破天荒な行動が、業界を変えた。　〔　　〕
ア　型破りで非常識なことをする様子
イ　前人の成し得なかったことをする様子

●傍線部の言葉の使い方が正しければ○、間違っていれば正しい言葉を、□に書きましょう。

□⑪　彼は緊張しているのか、しかめつらしい顔で挨拶をした。　□

□⑫　なおざりな報告書を提出したために上司にしかられてしまった。　□

□⑬　チーム一丸となって練習に励み、見事に雪辱を果たした。　□

□⑭　式典の冒頭で挨拶するなんて、そんな大役を任されるには、私は役不足です。　□

まるこさんのアドバイス

言葉の由来を知っておくと、意味も理解しやすいですね。

①「さわり」…義太夫節で、他の曲節を取り入れたいちばんの聞かせどころという意味が由来。転じて、話や小説などの要点や最も興味を引く部分を表す。

③「破天荒」…古代中国の科挙《かきょ》に合格者が現れない土地を「天荒」（不毛の地）と呼んでいた。それを破って合格した人を「破天荒」と称したことが由来。

⑨「姑息《こそく》」…孔子の門人である曽《そう》子《し》が、息子による一時しのぎの配慮を「姑息」と表現したことが由来。したがって、本来「その場しのぎの」という意味だが、多くの人が「ひきょうな」という意味で用いている。

□④ 社長を退任する潮時だ。〔　〕
ア 物事の限界　イ 物事の好機

□⑤ 優勝候補の選手が敗退し、がぜんやる気を出す。〔　〕
ア 突然　イ 思いがけなく

□⑥ 小春日和で穏やかな一日だ。〔　〕
ア 春の暖かい日　イ 初冬の暖かい日

□⑦ 社長が求める業務には、世間ずれしていない人がふさわしい。〔　〕
ア 世渡りによってずる賢くなること
イ 考えが世間から外れていること

□⑧ 見当違いの発言に失笑する。〔　〕
ア あきれる　イ 思わず吹き出す

□⑨ 急場を乗り切るため、姑息な手段を用いる。〔　〕
ア 一時しのぎの　イ ひきょうな

□⑩ 憮然《ぶぜん》として情勢を見守る。〔　〕
ア あまりのことに非常に腹を立てる様子
イ 落胆してどうすることもできない様子

□⑮ ひどいかぜを引き、熱にうなされる。

□⑯ 監督が代わり、チームは新規まき返しを図ることとなった。

□⑰ 長年、医師を続けてきた叔父は、押しも押されぬ町の名士だ。

□⑱ あの人の言葉は、常に的を得ている。

□⑲ ふざけている生徒を見て、先生が声をあららげた。

□⑳ 来春卒業見込みの学生を、企業が青田刈りする。

→ 解答は別冊9ページ

形や意味が似ている言葉に注意しましょう。

⑪「しかつめらしい」はまじめで堅苦しい様子。「しかつべらし」が変化したもの。

⑫「おざなり」は漢字で書くと「お座なり」で、「物事をその場限りにいい加減に行う様子」、「なおざり」は「等閑」と書いて、「物事をいい加減に考えて放っておく様子」を表す。

⑭「役不足」は、その人に与えられた役目などが軽すぎること。「力不足」は、その人の力が、与えられた役目などに不足していること。

「役不足」は、「彼の実力からすると、今度の仕事は役不足だ。」などのように使います。

⑲「あららげる」
本来は「あららげる」が正しい。ただ、「あらげる」が一般化した結果、現在では「声をあらげる」という使い方も許容されている。

第33日

「頭痛が痛い」的な表現に気をつけよう

学習日　　月　　日

1問5点

点

「頭痛が痛い」的な重複した表現、周囲でよく見聞きしますね。意味はよくわかるので、相手に通じなかったりすることはないと思われますが、なんか変だなと、ひそかに疑問を持たれているかもしれませんよ。

気をつけて表現したいものですね。

●傍線部を重複しない言い方に直して□に書きましょう。

□① 今日は朝から頭痛が痛い。

□② これから第一回目の会合を始めます。

□③ この神社は古来より、地域の人々に親しまれてきました。

□⑩ 結果を出すのは、今の現状では無理です。

□⑪ 自分にとって最もベストな選択をする。

□⑫ 信頼するあなたに、この業務をすべて一任します。

□⑬ 刑事がいまだ未解決の事件を追い続けている。

□⑭ みなさまのご提案をもとに、企画内容を慎重に熟慮します。

まるこさんのアドバイス

意味が重なっている語は、どちらか一方だけ使って表現します。

①「頭痛が痛い」
→重なっている「頭痛」の「痛」か「痛い」を取って表す。

②「第一回目」
→「第」と「目」は、どちらも順序を表す言葉。

③「古来より」
→「古来」に「〜より」の意味が含まれている。

④「各チームごとに」
→「各」と「ごとに」が重複している。

「馬から落馬する」「車に乗車する」なども同じような間違いですね。

□④ 各チームごとにアイディアを出す。

□⑤ 提案の賛成者は過半数を超えた。

□⑥ お盆の時期の新幹線の切符を、あらかじめ予約した。

□⑦ 衝動に任せて言ってしまったことを、あとで後悔した。

□⑧ 約百人ぐらいの聴衆が広場に集まっている。

□⑨ 旅行の途中で思いがけないハプニングに見舞われる。

□⑮ 不自然な態度に違和感を感じる。

□⑯ まず最初に会長が挨拶をします。

□⑰ 君の言うことは間違っているとはっきり明言できる。

□⑱ 恋人とクリスマスイブの夜に会う約束をした。

□⑲ 元旦の朝に、有名な神社に初詣でをする計画を立てる。

□⑳ 最終段階で、予期しない不測の事態が起こった。

↓解答は別冊9ページ

⑤**「過半数を超えた」**
↓「過半数」の「過」も「超える（超えた）」も同じ意味。「過半数を占めた」「過半数に達した」「半数を超えた」などとするのが適切。

⑥**「あらかじめ予約した」**
↓「あらかじめ」は、「前もって」の意。「予約」の「予」と意味が重なる。

⑧**「約百人ぐらい」**
↓「約」と「ぐらい」の意味が重複している。

同じように、「およそ
百人ぐらい」も意味が
重複していますね。

⑨**「思いがけないハプニング」**
↓「ハプニング」には思いがけないという意味が含まれている。

⑲**「元旦」**
↓「元旦」は「元日の朝」という意味。「朝」が重複している。

第34日

第三章　言葉の意味と使い方　数詞

モノによって数え方が違います

学習日　　月　　日

1問5点

点

「三枚」「三頭」などと数えるところを、どちらも「三こ」と言う人がいますね。子どもっぽい感じがしてあまり感心しません。ものには昔から日本独特の数え方があるのですから、大人らしく、ものに適した数え方をしたいものです。

●傍線部の数え方をあとから選び、記号で答えましょう。

□① 毎日俳句を五（　）ずつ詠んでいる。
　ア 首　イ 句　ウ 件　（　　）

□② トラクターを一（　）購入する。
　ア 台　イ 基　ウ 本　（　　）

□③ 講演が行われる会場に、折りたたみの椅子を二十（　）運び入れる。
　ア 脚《きゃく》　イ 局《きょく》　ウ 騎《き》　（　　）

□④ コーヒーカップを四（　）そろえる。
　ア 筋《すじ》　イ 体《たい》　ウ 客《きゃく》　（　　）

●次の数え方を、（　）に書きましょう。ただし、「個」は使わないようにしてみましょう。

□⑪ 公園の真ん中に二（　　）の大きな桜の木がある。

□⑫ 「飛行機」の「飛」は、九（　　）で書く漢字だ。

□⑬ 南蛮漬けを作るため、アジを五（　　）用意する。

□⑭ バーゲンセールで、靴下を三（　　）購入した。

まるこさんのアドバイス

日本の物の数え方は、数える物の形や性質を、反映しています。
「個」…比較的小さいもの
「枚」…紙など薄いもの
「本」…鉛筆など細長いもの
「冊」…書籍、ノートなど
「台」…電気製品、乗り物など
「杯」…器に入れた飲み物など
「人」…人間の数
「匹」…動物の数
「階」…建物などの階数
「回」…物事の回数
「円」…金額
「歳」…年齢
「番」…番号

同じものでも状態によって変化するなど、数え方は一種類ではありません。

□⑤ 着物に合わせて、帯を一（　）見繕ってもらう。
ア 丁《ちょう》　イ 筋《すじ》　ウ 幕《まく》　（　　）（　　）

□⑥ この料理では、一（　）のホウレンソウを使います。
ア 把《わ》　イ 棹《さお》　ウ 筋《すじ》　（　　）（　　）

□⑦ 各自、はさみを一（　）ずつ用意してください。
ア 切《さい》　イ 丁《ちょう》　ウ 台《だい》　（　　）（　　）

□⑧ 博士号取得のため、何（　）もの論文を書く。
ア 札《さつ》　イ 刷《さつ》　ウ 編《へん》　（　　）（　　）

□⑨ 一（　）のバナナから、三本を切り離す。
ア 本　イ 房《ふさ》　ウ 把《わ》　（　　）（　　）

□⑩ 一（　）のアゲハチョウがさなぎから脱皮して飛び立った。
ア 蝶《ちょう》　イ 首《しゅ》　ウ 頭《とう》　（　　）（　　）

□⑮ サークルの合宿のため、四（　　）（　　）のテニスコートを借りる。

□⑯ 大豆、一（　　）（　　）ほどのクリームを手のひらに取って、顔に付ける。

□⑰ 沖合にタンカーが一（　　）（　　）停泊している。

□⑱ 万葉集には約四千五百（　　）（　　）もの和歌が収められている。

□⑲ お客様が三人見えたので、箸を三（　　）（　　）用意する。

□⑳ そのマンションには三（　　）（　　）のエレベーターが設置されている。

↓解答は別冊10ページ

次のものの数え方は独特です。

日本人として知っておきたいです。

⑤**帯**…「筋《すじ》」以外にも「本」「条《じょう》」「枚」などとも数える。商品ととらえると、「点」で数えることも。

⑦**はさみ**…「本」とも数える。かつては「丁（挺《ちょう》）」で数えたが、最近では「本」のほうが多い。

⑩**チョウ**…西洋の昆虫学者たちが論文で蝶などを数えるとき、「head」（頭）を用いていたからという説が有力。「羽《わ》」や「匹」とも数える。

⑰**船**…船の数え方は、大きさなどによって異なる。大型の客船やタンカーなどは、「隻」と数える。

⑱**和歌**…「首」は漢語で詩歌や文章を表す言葉。よって、より文に近い和歌は「首」、俳句は「句」を用いる。

⑳**エレベーター**…据えてあるものなので「基」で数える。乗り物として「台」で数えることもある。

第35日

ことわざ、生活に生かしていますか？

第三章　言葉の意味と使い方　ことわざ

学習日　　月　　日

1問5点

点

私たちは自分や他人の行動や生き方について、ことわざで判断したり批判したりすることがあります。しかし、ことわざは唯一の真理ではありません。反対の意味のことわざもあります。真の意味を理解して、生活に上手に生かしていくようにしたいものです。

●次の文の（　）に言葉を補って、文意に合うことわざを完成させましょう。

□①　古い町だが、私には住めば（　　）だ。

□②　喧嘩が二人の絆《きずな》を深めたなんて、まさに雨降って（　　）だね。

□③　すぐ近くにあったとは灯台（　　）だ。

□⑩　情けは（　　）という精神で、困っている人を助けよう。

●次のことわざと似た意味や反対の意味のことわざをそれぞれあとから選び、記号で答えましょう。

「後悔先に立たず」
□⑪　似た意味　➡（　　）

「石の上にも三年」
□⑫　似た意味　➡（　　）

「弘法にも筆の誤り」
□⑬　似た意味　➡（　　）

「二兎《にと》を追う者は一兎をも得ず」
□⑭　反対の意味　➡（　　）

まるこさんのアドバイス

ことわざの表す奥深い意味を理解しましょう。

②雨が降ったあとの地面は、雨が降る前よりも固くなることから、争いごとなどがあったあと、前よりもよい関係になることを表す。

喧嘩などをしたあとは、前より仲良くなるようなことですね。

③「灯台」は燭台《しょくだい》のこと。「下」は「もと」と読む。燭台のすぐ下は光がさえぎられて暗いことから。

⑤五臓六腑《ぷ》がおさまっている腹は背よりも大切で、守らなければならないことから。

□④ あの人にはいくら言っても（　）に念仏で、効果がない。

□⑤ 合格のためには、（　）はかえられない。

□⑥ 国際交流により、（　）の蛙《かわず》だった自分を思い知った。

□⑦ テスト前の一夜漬けは（　）に水だ。

□⑧ （　）は打たれるような社会では、おとなしくしておいたほうが無難だ。

□⑨ A社の新商品は（　）襷《たすき》に長しで、新規顧客にも継続顧客にも響かない。

「青菜に塩」
□⑮ 反対の意味 ➡（　）

「好きこそものの上手なれ」
□⑯ 反対の意味 ➡（　）

「瓜の蔓《つる》に茄子《なすび》はならぬ」
□⑰ 似た意味 ➡（　）
□⑱ 反対の意味 ➡（　）

「待てば海路の日和あり」
□⑲ 似た意味 ➡（　）
□⑳ 反対の意味 ➡（　）

〈⑪〜⑳〉

ア 水を得た魚《うお》　イ 鳶《とび》が鷹《たか》を生む
ウ 河童《かっぱ》の川流れ　エ 一石二鳥
オ 紺屋《こうや》の白袴《しろばかま》　カ 思い立ったが吉日
キ 蛙《かえる》の子は蛙　ク 三つ子の魂百まで
ケ 覆水盆《ふくすいぼん》に返らず　コ 果報は寝て待て
サ 下手の横好き　シ 雨垂れ石を穿《うが》つ

↓解答は別冊10ページ

⑧「出過ぎたふるまいをする者や有能で抜きんでている者は、他から制裁を受けたり疎まれたりする」という意味。

⑩本来は「人に思いやりをかけておけばいずれ自分にもよい報いが訪れる」という意味。「人の為ならず」を「その人のためにならない」と解釈して、「人に情けをかけることは、結局はその人のためにならない」と解釈する間違いが多い。

⑬他に「猿も木から落ちる」「上手の手から水が漏れる」なども似た意味。

⑲・⑳「急《せ》いては事を仕損じる」なども似たような意味。「先んずれば人を制す」「善は急げ」などは反対の意味。

第36日

便利な慣用句、うまく使いこなしたい

第三章　言葉の意味と使い方　慣用句①

学習日　　月　　日

1問5点

点

慣用句は、二つ以上の言葉が結び付いて特定の意味を表す表現です。慣用句を用いると、表現したいことが相手にぴたっと通じるという、とにかく便利な言葉です。慣用句の形や意味を理解して、適切に使うことで表現力を豊かにしましょう。

●傍線部の慣用句の意味をあとから選び、記号で答えましょう。

□① 料理の腕前を褒められて鼻が高い。（　　）
ア 意外なことに驚く様子。
イ 自慢に思う様子。

□② 公園に散乱したごみに眉をひそめる。（　　）
ア 不快に思って顔をしかめる。
イ 見なかったことにする。

□③ 隣人とは知り合ってすぐに気が置けない関係になった。（　　）
ア 気づかいをしなくてよい様子。
イ 気が許せず油断できない様子。

●各組の文の（　）に入る慣用句をそれぞれあとから選び、記号で答えましょう。

□⑪ 早く寝なければと焦れば焦るほど（　）。（　　）
□⑫ お金が儲かるという話に、つい（　）。（　　）
ア 目が冴える　イ 目が高い
ウ 目が利く　エ 目がくらむ

□⑬ さしみなど、夏場のなまものは（　）。（　　）
□⑭ 就職を機に、怠惰な生活から（　）。（　　）
ア 足を延ばす　イ 足を洗う
ウ 足が早い　エ 足が出る

まるこさんのアドバイス

慣用句とは、二つ以上の語が結びついて、特別な意味を表す言葉のこと。体の部分や身近な物事を用いたものがたくさんあります。

⑪・⑫「目」
ア目が冴える…眠れずにいる。
イ目が高い…物事を見分ける力が優れている。
ウ目が利く…よいものを見分ける力がある。
エ目がくらむ…欲望にとらわれて分別がなくなる。

⑬・⑭「足」
ア足を延ばす…予定よりさらに遠くへ行く。
イ足を洗う…よくない生活や行為を改める。
ウ足が早い…腐り方が早い。
エ足が出る…予算を超える。

□④ 友人から耳が痛いアドバイスを受ける。
ア 長所を褒められる様子。
イ 弱点をつかれる様子。
（　　）

□⑤ 彼は理屈っぽく、口が減らない人だ。
ア 同じことを繰り返す様子。
イ 口が達者である様子。
（　　）

□⑥ 父はいつも兄の肩を持つ。
ア 一方的に悪い判断をする。
イ 対立している一方の味方をする。
（　　）

□⑦ 虫も殺さぬ顔をして、意外とやり手だ。
ア おとなしくて優しげな様子。
イ よくないことをしそうな様子。
（　　）

□⑧ 妹は竹を割ったような性格だ。
ア 気難しくて短気な様子。
イ 正直でさっぱりした様子。
（　　）

□⑨ 出世競争では親友の後塵《こうじん》を拝す。
ア 人に先を越される。
イ 一歩先に出る。
（　　）

□⑩ 市長の発言が物議を醸す。
ア 人々に感動を与える。
イ 世間の論議を引き起こす。
（　　）

□⑮ 協力するため、昨日のいざこざは（　　）。（　　）
□⑯ ライバルとの間に大きく（　　）。（　　）
ア 水に慣れる　イ 水をあける
ウ 水を差す　エ 水に流す

□⑰ 合格の知らせが、兄の卒業祝いの席に（　　）。（　　）
□⑱ 人前で恥をかかされたことを（　　）。（　　）
ア 花を添える　イ 花を持たせる
ウ 根を下ろす　エ 根に持つ

□⑲ 税金などを引かれて、毎月の給料は（　　）だ。（　　）
□⑳ どこの（　　）ともわからない男に娘はやれない。（　　）
ア 馬の骨　イ 犬の遠吠《とおぼ》え
ウ 雀《すずめ》の涙　エ 虎の子

↓解答は別冊10ページ

⑮・⑯「水」
ア水に慣れる…その地域の環境に慣れる。
イ水をあける…競争相手に差をつけて優位に立つ。
ウ水を差す…邪魔をしてうまくいかないようにする。
エ水に流す…なかったことにする。

⑰・⑱「植物」
ア花を添える…さらに華やかさを加える。
イ花を持たせる…手柄などを相手に譲る。
ウ根を下ろす…定着する。
エ根に持つ…恨みに思い続ける。

⑲・⑳「動物」
ア馬の骨…素性がはっきりしない人を軽蔑して言う言葉。
イ犬の遠吠え…弱者が陰で強がりを言ったりすること。
ウ雀の涙…ごくわずかな様子。
エ虎の子…大切にして手ばなさないものやお金など。

第37日

ぴったりの慣用句でぴったり表現しよう

第三章　言葉の意味と使い方　慣用句②

学習日　　月　　日

1問5点

点

会話や文章の中で慣用句を用いると、相手に意図が伝わりやすいばかりか、こなれた印象の表現になります。ただ、結び付く言葉も形も決まっているので一部を変えたりすることはできません。

この回では慣用句の正しい形を押さえましょう。

●次の文の（　）に言葉を補って、文意に合う慣用句を完成させましょう。

□① 遅刻をしないようにと（　）を酸っぱくして注意する。　（　　）

□② 主人公の俳優が、（　）を持して登場した。　（　　）

□③ 彼女とは初めて会ったときから、不思議と（　）が合う。　（　　）

□⑩ 駅近の物件だが、あまりに家賃が高すぎて（　）を踏む。　（　　）

□⑪ 不本意にも、恩師の顔に（　）結果となってしまった。　（　　）

□⑫ 留学した娘の帰国を首を（　）待つ。　（　　）

□⑬ 喉から（　）ほど欲しかった物をようやく手に入れた。　（　　）

□⑭ 普段、家ではよくしゃべる息子が、学校では（　）猫のようだ。　（　　）

まるこさんのアドバイス

慣用句における二つの言葉の組み合わせは決まっています。

②「満を持す」は、弓をいっぱいに引き絞って構えている様子で、十分に準備をして、行動に移す時機を待っていることのたとえ。

⑥「拍車」とは、馬に乗るときに靴のかかとに付ける金具のこと。馬を速く走らせるために使う。

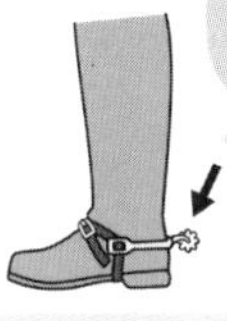

⑦ここで言う「壺《つぼ》」とは、賭博でさいころを入れて振る壺のこと。熟練の壺振り師は、期待通りにさいころの目を出せることから。

□④（　　）が浮く ようなお世辞を言う人は信用できない。〔　　　〕

□⑤未解決事件で、犯人の（　　）が付いたようだ。〔　　　〕

□⑥最近の異常気象が、商品の値段の高騰に（　　）をかけている。〔　　　〕

□⑦気づくと、まんまと友人の思う（　　）にはまって いた。〔　　　〕

□⑧時間がなく、（　　）を引かれる 思いで故郷をあとにした。〔　　　〕

□⑨点を取ったり取られたりのシーソーゲームを、手に（　　）を握って 見守る。〔　　　〕

□⑮希望する会社に転職してから、彼女は水を（　　）のように活躍している。〔　　　〕

□⑯気の毒な事件が起き、身に（　　）思いがする。〔　　　〕

□⑰腕に（　　）おいしい夕食を作るから、待っていて。〔　　　〕

□⑱頑固で有名な社長は、おそらく聞く耳を（　　）だろう。〔　　　〕

□⑲姉は甘い物が好きで、のべつ（　　）に口を動かしている。〔　　　〕

□⑳無類のサッカー好きという点では、父は（　　）落ちない。〔　　　〕

↓解答は別冊10ページ

---

⑩「二の足」とは、二歩目のこと。二歩目を踏み出せずに足踏みをすることから、思い切れずにためらうことを表す。

⑮「魚」は「うお」と読むことに注意。

その人に合った場所で、生き生きと行動する様子を表しています。

⑰「より」は、糸の「縒《よ》り」のことで、生糸をねじり合わせて丈夫な糸を作ることを意味する。

「よりを戻す」の「より」も同じ意味ですよ。

⑲「のべつ」は絶え間なく続く様子。「幕なし」は、芝居で幕を引かずに演じ続けること。「くまなし」ではないことに注意。

×くまなし→○幕なし

第38日

第三章　言葉の意味と使い方　慣用句③

慣用句を制する者は語彙力を制する

慣用句の中にはよく似たものがあるので、勘違いをして間違った慣用句を使ったり、自分で形を変えてしまったりしがちです。その結果、相手に正しい意味が通じないということになります。正しい慣用句を身につけて、慣用句マイスターを目指しましょう！

●傍線部の慣用句が正しければ○、間違っていれば正しい慣用句を、□に書きましょう。

□① 欠点を指摘され、耳が早い。

□② 夏休みには長期休暇を取り、久しぶりに羽を伸ばす予定だ。

□③ 猫の目のような庭に花を植える。

□⑩ 偉そうな態度が、花持ちならない。

□⑪ 素晴らしい料理に舌づつみを打つ。

□⑫ 電車遅延の影響を受け、仕事が押すな押すなになる。

□⑬ 日本チームは決勝で敗退し、二年連続で苦汁をなめた。

□⑭ 結婚式に出席した小さな子どもが、周囲に愛想を振りまいている。

学習日　　月　　日

1問5点

点

まるこさんのアドバイス

慣用句は便利な言葉だけれど、組み合わせる言葉によって意味が通じなかったり変わったりするのですね。注意しましょう。

③「猫の目のよう」は、猫の瞳が明るさによって形が変わることから、目まぐるしく変化することのたとえ。

⑦「腹」とは、人の心の中のこと。「腹を探る」は、それとなく人の心中をうかがうこと。

⑪「つづみ」は漢字で書くと「鼓」で、能や歌舞伎などで使う小太鼓のこと。

「鼓」とは、このような楽器です。

□④ 子どものわがままに手を汚す。

□⑤ 説明に納得できず、頭をかしげる。

□⑥ プロ野球選手が母校の後輩に頼まれて、胸を張ることにした。

□⑦ 新製品の仕様を巡り、競合会社の社員同士が互いに腹を割る。

□⑧ 内緒だと言われていたのに、酔って気分がよくなり、つい口を滑らせる。

□⑨ 冷やかしの言葉を入れて、友人の話の足を折る。

□⑮ うまい話に食指が動く。

□⑯ デマが飛び、上や下への大騒ぎになる。

□⑰ 思いがけず好きな人と二人きりになり、なんとなく間が持たない。

□⑱ ライバルに足元をすくわれて、大会への出場を逃す。

□⑲ 先生と話をしたいのに忙しそうで、取り付く暇もない。

□⑳ 税金の不正利用が発覚し、怒り心頭に達する。

→解答は別冊11ページ

⑭「愛想がいい」などとは使うが、「ふりまく」のは「愛嬌」。なお、「愛嬌」は「愛敬」とも書く。「愛想」は人に接する態度のことで、「愛想良くふるまう」などと表現する。

⑱「すくう」とは、下から上へとすばやく持ちあげる意。つまり、足のような具体物はすくえるが、足元はすくえない。「足下を見る」（相手の弱みにつけこむ）という慣用句との混同に注意する。

⑲航海が語源で、上陸できる島がないことから、頼りにするにもその手がかりがない様子を表す。

⑳「心頭」とは、人の心の中のことで、怒りが心の中から込み上げるという意味で「発する」を用いる。心の中に到達するということではない。

チャレンジ問題③
慣用句

問い　次の〔　　　〕に合う慣用句を、出だしの言葉に続けて書きましょう。

①大地震の後、〔夜《よ》を日に　　　　　　　　〕
復旧工事が行われた。

②誰が委員長になるか、世間の注目を集めていたが、彼女に
〔白羽の　　　　　　　　〕ようだ。

③あの人は〔歯に　　　　　　　　〕物言いを
するので、上役から煙《けむ》たがられている。

④このまま勉強をせずにいると、目標とする試験に不合格と
なるのは〔火を　　　　　　　　〕だ。

⑤頼みごとをしたら、〔木で　　　　　　　　〕
ような返答をされて、傷ついた。

⑥昔はにぎやかだった商店街も町の人口減とともにひっそり
としてしまい、今や〔猫の子　　　　　　　　〕。

⑦祖父を継いだ会社を繁栄させ、人格者でもある母のことを
崇拝する人は、〔枚挙に　　　　　　　　〕。

→解答は別冊11ページ

第四章 敬語

敬語は社会生活においてとても大切なものです。使い方によって、人間関係がよくなったり、逆に悪くなったりするからです。

この章では、問題を解きながら正しい敬語の使い方を身につけましょう。

先日はいろいろとありがとうございました！

お礼に、心ばかりの品をお贈りになりますね。

ん？な、なんで私がお礼の品を贈るのだ!？

よくある敬語の間違いですね。「お～になる」と「お～する（いたす）」の混同です。

お贈りします。

正しくは、「お贈りいたします」または、「贈らせていただきます」と言うべきですね。

第39日

基本をおさえれば敬語もこわくない

第四章　敬語　敬語の基本

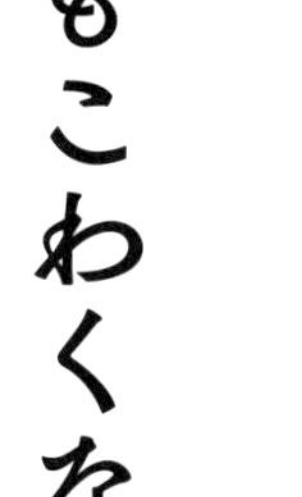

学習日　　月　　日

1問5点

点

敬語は、円滑なコミュニケーションに不可欠な言葉です。ここではまず、日常生活で比較的よく使われている、しかし、最も間違いが多いと思われる敬語の形について、その使い方をきちんとおさえておきましょう。

●次の（　）に入る語句をあとから選び、記号で答えましょう。

□①　電車をご利用（　　）方は こちらの列にお並びください。（　　）
ア する　イ になる　ウ いたす

□②　試合をご観戦（　　）場合には、チケットが必要です。（　　）
ア なさる　イ いたす　ウ する

□③　これから先生がお話し（　　）内容をノートにメモする。（　　）
ア いたす　イ になる　ウ する

□⑩　申し込み書類をお送り（　　）ので、ご署名の上、ご返送ください。（　　）
ア します　イ される　ウ なさる

□⑪　先日、道で偶然、お母様にお会い（　　）ました。（　　）
ア いたし　イ になり　ウ なさい

□⑫　お客様が帰（　　）とのことです。（　　）
ア る　イ れる　ウ られる

□⑬　今日は何時までお仕事（　　）予定ですか。（　　）
ア する　イ なさる　ウ いたす

□⑭　のちほど、こちらからお電話（　　）ます。（　　）
ア なさい　イ いたし　ウ ください

まるこさんのアドバイス

敬語には主に次の三つの種類があります。

1 尊敬語
…相手や話題の人の動作や物事を敬って言う言い方。

2 謙譲語
…自分や自分側の動作や物事をへりくだって言うことで相手に敬意を表す言い方。

3 丁寧語
…改まった場所などで、丁寧な言葉遣いで述べる言い方。

「です」「ます」「ございます」などの言い方が、「丁寧語」と言われる敬語です。

□④ 今日の講演会では市長が登壇（　　）ようだ。
ア いたす　イ する　ウ される　（　　）

□⑤ お客様を社長室にご案内（　　）。
ア する　イ になる　ウ くださる　（　　）

□⑥ 次回の会合には出席（　　）ますか。
ア なされ　イ いたされ　ウ され　（　　）

□⑦ まもなく始まりますので、椅子にお座り（　　）お待ちください。
ア して　イ になって　ウ ながら　（　　）

□⑧ この件については、母がご説明（　　）ます。
ア いたし　イ になり　ウ なさい　（　　）

□⑨ 今の説明でご理解（　　）ましたか。
ア いたし　イ し　ウ なさい　（　　）

□⑮ 受け付け順にお名前をお呼び（　　）ます。
ア いたし　イ なさい　ウ になり　（　　）

□⑯ 兄がお預かり（　　）いた鞄をお受け取りください。
ア して　イ なさって　ウ されて　（　　）

□⑰ こちらの商品をお求め（　　）場合は、こちらへどうぞ。
ア られる　イ する　ウ になる　（　　）

□⑱ 本日、先生はマイクをご使用（　　）予定です。
ア する　イ になる　ウ いたす　（　　）

□⑲ あなたにぴったりな勉強方法をご提案（　　）ます。
ア なさい　イ され　ウ いたし　（　　）

□⑳ そのスーツ、とてもお似合い（　　）ますね。
ア いたし　イ になり　ウ され　（　　）

↓解答は別冊11ページ

尊敬語、謙譲語には、それぞれ次のような決まった形があります。

●**尊敬語**
・「**お（ご）～になる**」の形。
・「**お（ご）～なさる**」の形。「お（ご）」を付けずに「～なさる」でもよい。
・尊敬の助動詞「**れる（られる）**」を用いる形。

●**謙譲語**
・「**お（ご）～する**」の形。
・「**お（ご）～いたす**」の形。「お（ご）」を付けずに「～いたします」でもよい。

「母がご説明なさいます」など、身内の行動に尊敬語を使うのは間違いです。

第40日

特別な敬語で会話力アップ

第四章　敬語　特別な敬語

学習日　　月　　日

1問5点

点

敬語には、尊敬語・謙譲語にあたる、特別な動詞や名詞があります。「食べる」意味の尊敬語は「召し上がる」、謙譲語は「いただく」です。これらの言葉を間違えると相手に対して失礼にあたります。自然に正しい敬語動詞や名詞を使うことができるようにしましょう。

●次の（　）に入る敬語をあとから選び、記号で答えましょう。

□① どうぞ夕食を（　　）ください。
ア 召し上がって　イ 召されて
ウ いただいて　（　　）

□② 資料を（　　）、少しお待ちください。
ア 拝見して　イ 見て
ウ ご覧になって　（　　）

□③ 政府の高官がわが市へ（　　）。
ア うかがう　イ 参る
ウ いらっしゃる　（　　）

□⑩ 確かに資料を（　　）ました。
ア 賜られ　イ 拝受いたし
ウ ご頂戴なさい　（　　）

□⑪ 先生に（　　）光栄です。
ア お見えになって　イ 会われて
ウ お目にかかれて　（　　）

□⑫ 教授が（　　）通りに事が運ぶ。
ア 申し上げる　イ おっしゃる
ウ 申す　（　　）

□⑬ 明日は両親がこちらへ（　　）ます。
ア おいでになり　イ 参り
ウ いらっしゃい　（　　）

□⑭ 先生から結構な物を（　　）ました。
ア いただき　イ 差し上げ
ウ ください　（　　）

まるこさんのアドバイス

尊敬・謙譲の意を表す「特別な動詞」には、次のようなものがあります。

「食べる」の
尊敬語→「召し上がる」…①
謙譲語→「いただく」

「見る」の
尊敬語→「ご覧になる」…②
謙譲語→「拝見する」

「来る」の
尊敬語→「いらっしゃる」…③
謙譲語→「参る」「伺う」…⑬

「言う」の
尊敬語→「おっしゃる」…⑫
謙譲語→「申し上げる」…④

「する」の
尊敬語→「なさる」
謙譲語→「いたす」…⑤

□④ 今、父が（　　）ような経緯です。
ア 申し上げた　イ 言われた
ウ おっしゃった
（　　）

□⑤ その仕事は私が（　　）ます。
ア なさい　イ され
ウ いたし
（　　）

□⑥ さぞや大変だったろうと（　　）ます。
ア ご高察になり　イ 拝察し
ウ ご拝察なさい
（　　）

□⑦ ご依頼の件、（　　）ました。
ア 承知なさい　イ ご理解になり
ウ かしこまり
（　　）

□⑧ 私の母校を（　　）か。
ア ご存じです　イ 存じ上げます
ウ ご承知になります
（　　）

□⑨ ご伝言を課長の田中に（　　）ます。
ア ご伝達なさい　イ 申し伝え
ウ ご連絡になり
（　　）

□⑮ 当日、会場には私が（　　）ます。
ア おいでになり　イ おり
ウ いらっしゃい
（　　）

□⑯（　　）では中途採用を行いますか。
ア 御社　イ 弊社
ウ 会社
（　　）

□⑰（　　）の記事をご参照ください。
ア 小紙　イ 貴紙
ウ 御紙
（　　）

□⑱ 自分史を（　　）にしたためました。
ア ご著書　イ 高著
ウ 拙著
（　　）

□⑲（　　）は、どちらにお勤めですか。
ア 愚息　イ 息子
ウ ご子息
（　　）

□⑳（　　）ですが、お納めください。
ア ご厚志の品　イ 寸志
ウ 佳品
（　　）

↓解答は別冊12ページ

「もらう」の**謙譲語**→「いただく」「頂戴する」…⑭

「与える・やる」の**謙譲語**→「差し上げる」

上の問題の（　）には、それぞれ、尊敬語、謙譲語のどちらを使うべきか判断してから、敬語を選ぶといいですよ。

名詞に次のような接頭語を付けることによって尊敬語、謙譲語になることもあります。

尊敬語に用いる接頭語
御・貴・高・令など。

謙譲語に用いる接頭語
弊・小・拙・愚など。

名詞は、接頭語によって尊敬語、謙譲語になることが多いですね。

第41日

第四章　敬語　よくある敬語の間違い

場面に合う敬語を使っていますか？

学習日　　月　　日

1問5点

点

適切な敬語を使うのは、意外に難しいものですね。誰が動作の主体であり、誰を敬うかによって、また、その場の状況によっても、ふさわしい敬語は違ってきます。この回ではそれらを踏まえ、各場面にふさわしい敬語を考えてみましょう。

●次の傍線部を適切な敬語に直して、□に書きましょう。

□① 社長が出かける。

□② ご注文は何にしますか。

□③ 定刻になったので、講師の先生を迎えます。

□⑩ 姉がこちらへ来るということです。

□⑪ 部長の山田が貴社へ行きます。

□⑫ 教授が話した内容は印象的で、聞いていた全員が感銘を受けた。

□⑬ けっこうな物をもらいまして、大変ありがとうございます。

□⑭ この意見に賛成する方は、挙手をお願いします。

まるこさんのアドバイス

誰の動作や行動に対する敬語なのかを考えましょう。

①出かけるのは社長で、社長に対する敬意を表すので、尊敬語を用いる。

②注文するのはお客様なので、「する（します）」の尊敬語を用いる。「いたす」は「する」の謙譲語なのでここでは使わない。

③迎えるのは自分で、講師の先生に対する敬意を表すので、謙譲語を用いる。

④「言う」の謙譲動詞「申し上げる」を用いる。

⑤「お読みしました」でもいいが、より謙譲の程度が高いのは「拝読しました」。

□④ 先生にお礼を言う。

□⑤ 先生にいただいた手紙を読みました。

□⑥ 素晴らしい贈り物で、先生も大変満足したようだ。

□⑦ どうぞリラックスして、こちらのシートに座ってください。

□⑧ 部長、少しよろしいでしょうか。私の母を紹介します。

□⑨ 欠席する場合は、事務局までご連絡ください。

□⑮ あなたが見ている絵は私の作品です。

□⑯ 帰る際には車に注意してください。

□⑰ 新規の調査結果をありがとうございました。大変納得しました。

□⑱ 先生が入れてくださったコーヒーを飲んだら、とてもおいしかったです。

□⑲ 新天地で活躍することを、心よりお祈りいたします。

□⑳ 杉田様のご来社時には、社長の佐藤が会う予定です。

↓解答は別冊12ページ

⑧より謙遜の気持ちを表す場合、「ご紹介させていただきます」と言うこともある。

⑩来るのは身内である姉で、聞き手に対する敬意を表すので、謙譲語を用いる。

⑪行くのは自分の会社の部長（身内の扱い）で、相手の社に対する敬意を表すので、謙譲語を用いる。

なお、⑩「来る」と⑪「行く」の謙譲語は、どちらも「参る」「うかがう」となる。

⑮「見ている」のは「あなた」なので、尊敬動詞を用いる。

⑰「納得する」は自分の動作。「納得しました」でもいいが、少し尊敬の念を加えて「納得いたしました」とするとよい。「ご納得いたす」とはならないことに注意する。

第42日

第四章　敬語　不適切な敬語①

その敬語、本当に正しいの？

敬語の間違いは、日常、本当にたくさん見聞きします。特に多いのは、尊敬語と謙譲語の混同、敬語を二重・三重に使った過剰な敬語などでしょうか。自分や人の敬語がふと変に感じられたら、どこが変なのかを考えてみましょう。正しい敬語の使い方が身につきますよ。

●傍線部の敬語が正しければ○、間違っていれば正しい敬語を、□に書きましょう。

□ ① 父は外出中で、家におられません。

□ ② 明日の十時ですが、あなたはこの場所におりますか。

□ ③ 先生からお言葉を賜りました。

□ ⑩ あなたが申されたことは正しいです。

□ ⑪ 先生が父にお目にかかった。

□ ⑫ ご注文は以上で、よろしかったでしょうか。

□ ⑬ 今、あなたが拝見している本の題名を教えてください。

□ ⑭ 旬のフルーツを、どうぞお召し上がりになられてください。

学習日　　月　　日

1問5点

点

まるこさんのアドバイス

尊敬語と謙譲語の混同や、多すぎる敬語（過剰な敬語）に特に注意しましょう。

①謙譲語を用いて、「おりません」とするところ、尊敬の助動詞「れる」を重ねて、謙譲語、尊敬語を混同している。

②「おる」のは相手の「あなた」なので、尊敬語を用いる。

③「賜る」は、「もらう」の謙譲語。

④「言う」の尊敬語「おっしゃる」に、同じく尊敬を表す「れる」を重ねている二重敬語。

⑤ここは校長先生の動作なので尊敬語を用いる。

⑥「申し上げる」では、自社の上司を、伝言した相手より尊敬している形になってしまう。「相手の話を人に伝える」意味の謙譲語「申し伝える」を使う。

□④ あなたがおっしゃられたことが、正しいです。

□⑤ 校長先生がお笑いいたしている。

□⑥ 上の者にご伝言を申し上げておきます。

□⑦ このカードをご利用することはできません。

□⑧ ご決断されるときに、迷いはありませんでしたか。

□⑨ ご不明な点がありましたら、担当者にうかがってください。

□⑮ 父の話をお聞きになられましたか。

□⑯ 心中をお察し申し上げます。

□⑰ お約束の日時には、私が参らせていただきます。

□⑱ こちらの本は難解なので、お読みにくいと思います。

□⑲ あなたの拙宅は、一つ目の角を曲がった突き当たりですか。

□⑳ 前川社長様はいらっしゃいますでしょうか。

↓解答は別冊12ページ

⑩「申す」は謙譲動詞。

⑭「食べる」の尊敬語「召し上がる」に、「お～になる」を重ねて、さらに尊敬を表す「れる」を重ねている三重敬語。

⑮「お聞きになる」という尊敬語に尊敬の助動詞「れる」を重ねている二重敬語。

⑰「行く」の謙譲語「参る」に、「～せていただく」を加えている過剰な敬語。

⑳「社長」や「部長」などには、すでに敬意が含まれているので、「様」を付けると二重敬語になる。

「各位様」というのも同じで、「各位」に「皆様」という意味があるので、「様」を重ねると二重敬語になります。「関係者各位」「取引先各位」などとするのが妥当です。

第
43
日

第四章 敬語 不適切な敬語②

敬語の使い方、間違っているのはどれ?

学習日　　月　　日

1問5点

点

ある事柄を敬語で伝えるとき、正しい言い方は一つとは限りません。大人としては、そうした敬語のバリエーションも使いこなしていきたいものです。今回は複数の選択肢の中から間違っている一つを選ぶことで、奥深い敬語の世界を学んでいきましょう。

●次の（　）に入る敬語として間違っているものを選び、記号で答えましょう。

□①先生もよくこの店を（　　）のですか。
ア ご利用する　イ ご利用になる
ウ ご利用なさる
（　　）

□②お客様はまもなく（　　）ます。
ア いらっしゃい　イ 参り
ウ おいでになり
（　　）

□③駅への道を（　　）たいのですが。
ア うかがい　イ お聞きし
ウ お聞きになり
（　　）

□⑩明日のイベントには私が（　　）。
ア お越しになります　イ うかがいます
ウ 参ります
（　　）

□⑪資料を（　　）、私にお戻しください。
ア ご確認なさったら　イ 確認されたら
ウ ご確認いたしたら
（　　）

□⑫新製品を（　　）価格でご紹介します。
ア ご購入になりやすい
イ ご購入いたしやすい
ウ お求めになりやすい
（　　）

□⑬あなたが（　　）服、とても素敵です。
ア お召しの　イ お召しになっている
ウ お召ししている
（　　）

□⑭（　　）カップは、どうぞそのままでお帰りください。
ア ご使用になった　イ 使用された
ウ ご使用になられた
（　　）

まるこさんのアドバイス

三つの選択肢の中で、間違っている敬語は一つです。なぜ間違いなのか考えてみましょう。

①先生の行動なので、「利用する」の尊敬語を用いる。「ご利用する」は謙譲語。
②「参る」は謙譲語。お客様の行動なので尊敬語を用いる。
③相手に対して自分の行動をへりくだるので、「聞く」の謙譲語を用いる。「お聞きになる」は尊敬語。
④教授の行動なので「見せる」の尊敬語を用いる。「ご覧に入れる」は謙譲語。
⑤「お休みする」は謙譲語。相手の動作なので尊敬語を用いる。

□④ 教授が（　　）映像を視聴する。
ア 見せられた　イ お見せになった
ウ ご覧に入れた
（　　）

□⑤ （　　）前に薬をお飲みください。
ア お休みになる　イ お休みする
ウ 休まれる
（　　）

□⑥ 私は市長とは幼なじみで、よく（　　）。
ア 存じ上げている　イ ご存じだ
ウ 存じている
（　　）

□⑦ お客様の記念日に贈り物を（　　）。
ア 進呈します　イ 差し上げます
ウ 賜ります
（　　）

□⑧ 社長が（　　）ことを、これからも座右の銘にしていきます。
ア 申された　イ おっしゃった
ウ 言われた
（　　）

□⑨ あなたが（　　）のはどの番組ですか。
ア 拝見している　イ ご覧になっている
ウ 見ておられる
（　　）

□⑮ 私がこの企画を（　　）。
ア 担当いたします　イ 担当なさいます
ウ 担当させていただきます
（　　）

□⑯ 先生からプレゼントを（　　）。
ア 頂戴させていただく　イ いただく
ウ 頂戴する
（　　）

□⑰ 今から私は識者による講演を（　　）。
ア 拝聴します　イ お聞きされます
ウ お聞きします
（　　）

□⑱ 教授の万年筆を（　　）。
ア お借りします　イ 拝借します
ウ お借りになります
（　　）

□⑲ 社長はこのケーキを（　　）ようだ。
ア 気に入られた　イ お気に召された
ウ お気に召した
（　　）

□⑳ 御社が（　　）結果を、お聞かせください。
ア 検討いたしました　イ ご検討になった
ウ 検討された
（　　）

↓解答は別冊13ページ

⑥「知っている」の謙譲語を用いるのが正しい。

⑧社長の行動に対する敬意を表すので、「言う」の尊敬語が必要。「申される」は謙譲語の「申す」に尊敬の助動詞「れる」が付いている。

尊敬語と謙譲語が混在している形です。

⑩「参る」「うかがう」は、「行く」の謙譲語。

⑭「ご使用になられた」は尊敬表現の「ご～になる」に尊敬の助動詞「れる」が付いて二重敬語になっている。

⑯「頂戴させていただく」は謙譲語の「頂戴する」に謙譲表現の「～させていただく」が付いて過剰な敬語になっている。

⑲「お気に召された」は、「気に入る」の尊敬語「お気に召す」に尊敬を表す助動詞が付いて、二重敬語になっている。

敬語は多ければ多いほどいいというものではないですね。

チャレンジ問題④
敬語

問い　次はある会社の受付でのやり取りです。下線部の言葉をこの場にふさわしい敬語に直しましょう。

山本：いらっしゃいませ。

佐藤：私、△△銀行の佐藤と①いいますが、鈴木部長は②いますか。

山本：③すみませんが、ただいま、④外出しています。鈴木とお約束を⑤していましたか。

佐藤：いえ、約束はしていなかったのですが……。では、「××××」という伝言をお願いできますか。

山本：⑥わかりました。佐藤様のご伝言を私、受付の山本から、⑦鈴木部長に⑧お伝えします。

佐藤：どうぞよろしくお願いいたします。

①〔　　〕　②〔　　〕

③〔　　〕　④〔　　〕

⑤〔　　〕　⑥〔　　〕

⑦〔　　〕　⑧〔　　〕

→ 解答は別冊13ページ

第五章

日本の文化

古語や文学作品など、日本の文化について知ることで、足元を見つめ直してみませんか。

この章では、現代に通じる日本の文化についての問題にチャレンジしましょう。

いにしえの〜　ならのみやこの
やえざくら〜
きょうここのえに
においぬるかな〜
けふここの
へににほひ
ぬるかな
わかころも
てはつゆに
ぬれつつ
こゑきくと
きそあきは
かなしき
たたありあ
けのつきそ
のこれる
われてもす
ゑにあはむ
とそおもふ
からくれな
ゐにみつく
くるとは
初めの字は「きょう」だな！
きょう、きょう、きょう、きょう……。
ない！
はい！
え？　なんで？「けふ」なのに？
けふここの
へににほひ
ぬるかな
「きょう」は、歴史的仮名遣いでは「けふ」と書くんですよ。詳しくは、116〜117ページを見てくださいね。

第44日

第五章　日本の文化　日本の衣服や住まい

日本の衣服や住まいの言葉、読めますか？

学習日　　月　　日

1問5点

点

近年は、和服を着る機会や本格的な和室を訪れる機会は減っていますが、いざという時のために基本的な知識は身につけておきたいですね。

用語だけでも知っていると、とまどうことも少なく、会話に困ることもありません。

●和装の各部分の名称を表した、傍線部の読みを書きましょう。

襟《えり》

☐①半襟（　　）

☐②帯揚げ　帯（　　）

☐③袂（　　）

☐④帯締め（　　）

☐⑤お端折り（　　）

☐⑥お太鼓（　　）

☐⑦垂れ（　　）

☐⑧衣紋（　　）

【下駄《げた》】

【草履《ぞうり》】

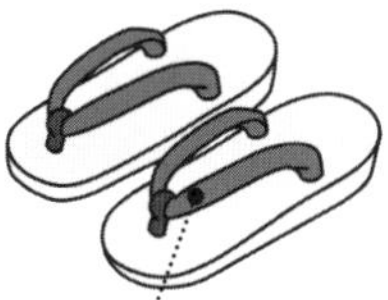

☐⑨鼻緒（　　）

☐⑩歯（　　）

まるこさんのアドバイス

名称とともに役割や用途をおさえておきましょう。
①着物の襟の汚れを防ぐために使う。
②帯枕《おびまくら》（帯の形を整えるための小物）を包むためのもの。
⑤着物の丈を合わせるために折りたたんだ部分。
⑧襟の後ろの部分をゆるく引き下げて襟足が見えるように着付けることを「抜き衣《え》紋《もん》」という。
⑨・⑩一般的に、着物では草履をはき、浴衣《ゆかた》では下駄をはく。

男性は雪駄《せった》をはくことが多いですね。

●和室の各部分の名称を表した、傍線部の読みを書きましょう。

□⑪ 透かし彫りなどの装飾が施される。**欄間**（　　）

□⑫ 上部に造られた物入れ。**天袋**（　　）

□⑬ 座敷の顔。掛け軸などを飾る。**床の間**（　　）

□⑭ 障子や襖をはめる溝が付いた部分。（上下の上の部分）**鴨居**（　　）

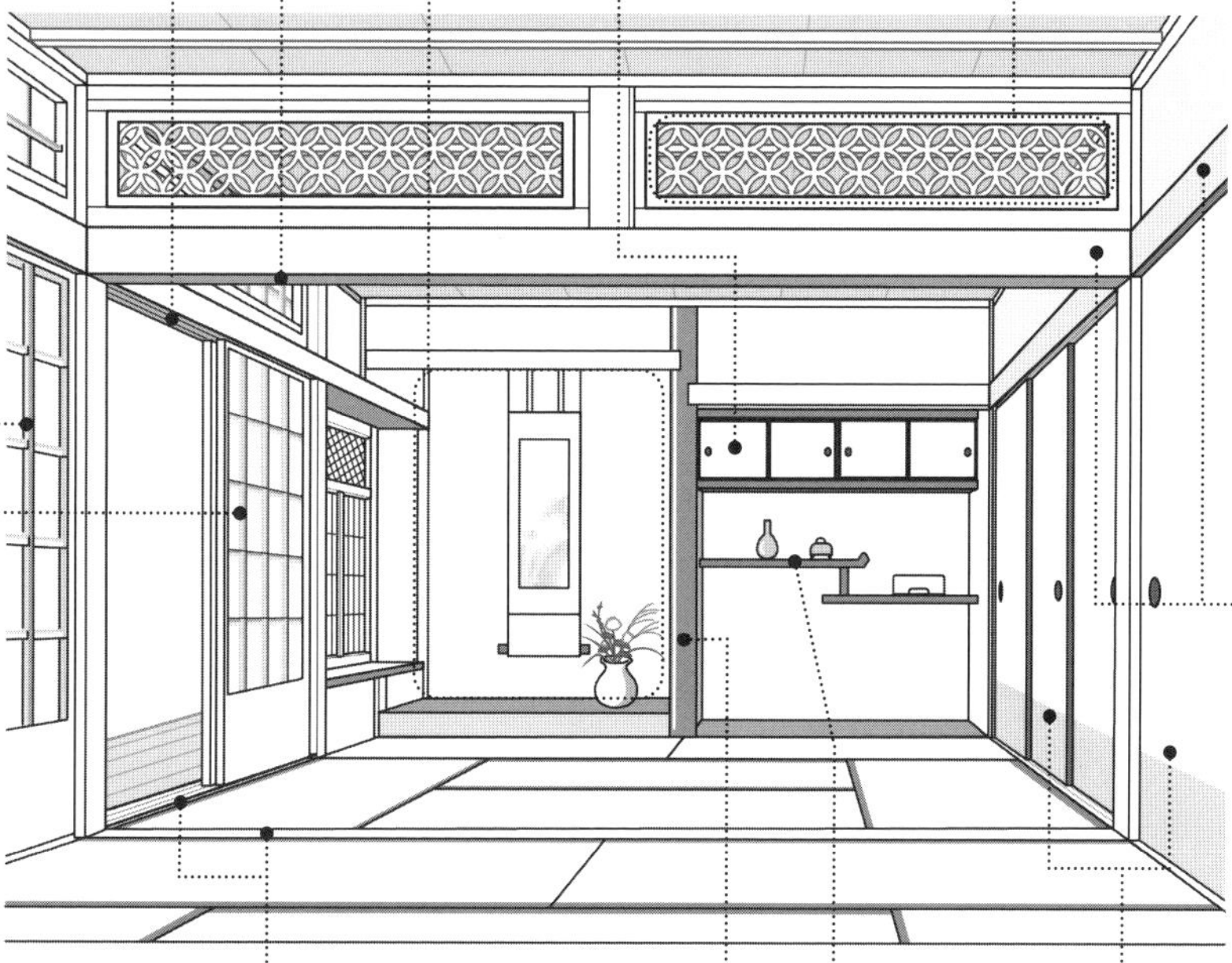

□⑮ **障子**（　　）
格子状の骨組みに紙を貼った建具。

□⑯ **長押**（　　）

□⑰ 骨組みに紙を貼った建具。**襖**（　　）

□⑱ 段違いの棚。**違い棚**（　　）

□⑲ **床柱**（　　）

□⑳ 障子や襖をはめる溝が付いた部分。（上下の下の部分）**敷居**（　　）

↓解答は別冊13ページ

⑫下部に造られた物入れのことは、地袋《じぶくろ》という。

⑬和室の正面が床の間。最も目上の人が床の間の前に座ることになる。

⑮「明かり障子」ともいう。古くは、襖《ふすま》や衝立《ついたて》などもすべて「障子」と呼んでおり、その中で採光できるものを「明かり障子」と呼んだ。

⑲屋根を支えるなどの構造的な役割はなく、装飾用の柱。美しい見た目の木材が使われることが多い。

現代の住まいにも生きている合理的な建具もありますね。

第45日

第五章　日本の文化　節目の年齢

年齢にも節目があります

人生百年時代と言われていますが、年齢にも節目があり、節目ごとにお祝いをする習慣があります。そんなお祝いをとても大切にしている人もいますので、一応常識として知っておくことが大切です。お祝いを贈る封筒に書く漢字も間違えたくないですね。

●次の（　）には年齢を、傍線部のカタカナは漢字に直して□に書きましょう。

（　）歳のお祝いをカンレキと呼ぶ。

□①（　）歳　□②［　］

（　）歳のお祝いをコキと呼ぶ。

□③（　）歳　□④［　］

（　）歳のお祝いをハクジュと呼ぶ。

□⑬（　）歳　□⑭［　］

（　）歳のお祝いをヒャクジュと呼ぶ。

□⑮（　）歳　□⑯［　］

男子の二十歳の異称（別の呼び方）。また、成年に達することをジャッカンと呼ぶ。

□⑰［　］

学習日　　月　　日

1問5点

点

まるこさんのアドバイス

節目の年齢の呼び方には、次のような由来があります。

①②「カンレキ」の「暦」とは、十二支と十干《じっかん》を組み合わせた六十干支《ろくじっかんし》の暦のこと。それが六十年で一周してもとに還《かえ》ることから。

③④唐の詩人杜甫《とほ》の詩の一節「人生七十、古来稀《まれ》なり」から。

⑬⑭「百」から「一」を引くと「九十九」。また、「百」という漢字から「一」を引くと「白」になることから。

⑮⑯百歳や百二十歳を表す「上《じょう》寿《じゅ》」という言葉もある。

⑰古代中国で男子の二十歳を「弱《じゃく》」といい、元服して「冠」をかぶることから。

「二十歳」から転じて、「年が若い」という意味でも使われていますよ。

（　　）歳のお祝いをキジュと呼ぶ。

□⑤（　　）歳　□⑥ □□

（　　）歳のお祝いをサンジュと呼ぶ。

□⑦（　　）歳　□⑧ □□

（　　）歳のお祝いをベイジュと呼ぶ。

□⑨（　　）歳　□⑩ □□

（　　）歳のお祝いをソツジュと呼ぶ。

□⑪（　　）歳　□⑫ □□

●次の文を参考に、□に漢字を書き入れて、十五歳、三十歳、四十歳の異称を完成させましょう。

> 吾《われ》十有五にして学を志し、三十にして立ち、四十にして惑はず。　『論語』
>
> （私は十五歳で学問を志し、三十歳で自立し、四十歳になるとあれこれと心が迷うことがなくなった。）

□⑱ 十五歳 ➡ 志□（しがく）

□⑲ 三十歳 ➡ 而□（じりつ）

□⑳ 四十歳 ➡ 不□（ふわく）

↓解答は別冊14ページ

節目の年齢の異称には漢字の形が由来となったものもあります。

⑤⑥「喜」の草書体が七十七に見えることから　→ 七十七

⑦⑧「傘」の略字から　仐 → 八十

⑨⑩「米」の漢字を分解　米 → 八十八

⑪⑫「卒」の略字から　卆 → 九十

『論語』から生まれた年齢の異称もあります。

⑱「学問を志す頃」という意味。

⑲「自分で身を立てられるようになる頃」という意味。

⑳「心が迷わなくなる頃」という意味。

第46日

第五章 日本の文化 冠婚葬祭

冠婚葬祭の行事も大切にしたい

学習日 月 日

1問5点

点

「冠婚葬祭」とは人生の節目に当たる行事であり、七五三や成人式などを含みます。これらの行事にはいろいろな決まりやマナーがあります。最低限のマナーを知ることで、自分も周りの人も気持ちよく過ごせるようにしたいですね。

●冠婚葬祭の行事について、（　）に入る言葉をあとから選び、記号で答えましょう。

□① 七五三には（　）を食べる習わしがある。
ア 千歳あめ　イ ちまき　ウ 桜餅
〔　　〕

□② 銀婚式とは、結婚して（　）年目のお祝いである。
ア 10　イ 25　ウ 50
〔　　〕

□③ 結婚式の招待状に返事を出す際、「御芳名」の（　）の字を消す。
ア 御　イ 御芳　ウ 芳
〔　　〕

●□に当てはまる漢字を書きましょう。また、傍線部の漢字の読みを書きましょう。

□ 結婚式の祝儀袋の表書きには、「御結婚御祝」または「⑨□《ことぶき》」と書く。

□ 祝儀袋や香典袋に金額を書く際、「一」は「⑩□《いち》」、「二」は「⑪□《に》」、三は「⑫□《さん》」、「十」は「⑬□《じゅう》」と書く。

□ 葬儀の後、お手伝いしてくれた方に「⑭□《すん》□《し》」を手渡した。

□ 退院後、入院中お世話になった方に「⑮快気祝い」を送った。
〔　　〕

まるこさんのアドバイス

冠婚葬祭についての知識やマナーを身につけましょう。

②結婚50年目のお祝いは、「金婚式」という。

③「御」「芳」は、招待状の差出人がつけた尊敬表現なので、消してから返事を出す。

⑥故人が極楽へ行って仏様になるのは四十九日以降なので、一般的には葬儀の際「御仏前」という言葉は使えない。

⑧・亡くなってから一年後の法要→一周忌
・亡くなってから二年後の法要→三回忌
二回忌や二周忌はありません。

（故人の命日が一回目の忌日、一年後の命日が二回目の忌日、二年後の命日が三回目の忌日）

□ ④ 結婚式のスピーチでは、「流れる」「切れる」などの他、「（　　）」という言葉も避ける。

ア 早い　イ 静かだ　ウ 破れる　（　　）

□ ⑤ 告別式の前に、夜通しで故人を忍び、御遺体を守る儀式を（　　）と呼ぶ。

ア 葬式　イ 通夜　ウ お別れの会　（　　）

□ ⑥ 葬儀に出席するにあたり、香典袋の表書きには（　　）と書いた。

ア 志　イ 御霊前　ウ 御仏前　（　　）

□ ⑦ 故人が七週間この世をさまよった後、成仏する際に行われる法要が（　　）である。

ア 初七日　イ 一周忌　ウ 四十九日　（　　）

□ ⑧ 知人が亡くなってから丸二年たったので、（　　）の法要が行われた。

ア 二周忌　イ 三回忌　ウ 二年忌　（　　）

□ 四十九日以降の法要では、香典袋の表書きには「⑯御仏前」と書く。（　　）

□ 祝儀袋に三万円を入れ、内袋には「⑰金参萬円也」と書いた。（　　）

□ 結婚式の祝儀袋を、⑱袱紗に包んで持っていった。（　　）

【祝儀袋】

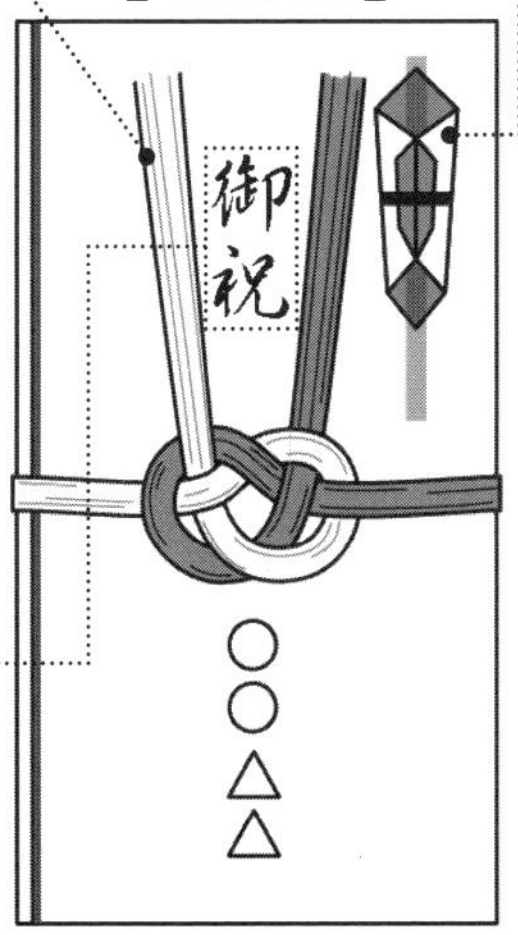

□ ⑲ 熨斗　（　　）

□ ⑳ 水引　（　　）

表書き

↓解答は別冊14ページ

改まった場面で使われる漢数字を「大字《だいじ》」といいます。祝儀袋などの中袋に書く金額も大字を用います。

⑩〜⑬ 一→壱　二→弐　三→参
十→拾　万→萬

間違えやすい表書きに注意しましょう。

⑭「寸志」は目上の人から目下の人へのお礼の気持ちを表すもの。目上の人に対しては使わない。

⑮「快気祝い」は、退院した人へのお祝いではない。間違えがちなので気をつけよう。

香典袋の表書きは、宗教などによって異なるので注意が必要です。

⑯◎仏教
・通夜・告別式など→御霊前
・四十九日以降→御仏前
◎キリスト教→御花料など
◎神道→御神前・御玉串料
御榊《さかき》料

※葬儀の行事や法要などは、宗教や宗派によって異なる。

第47日

第五章　日本の文化　俳句と短歌

案外知らない俳句と短歌のこと

日本特有の短詩である俳句と短歌。近年では外国でも詠む人がいるとか。また、俳句や短歌を趣味や生涯学習としている人やサークルも多いようです。

しかし、考えてみると、私たちは俳句や短歌の歴史や決まりを案外知らないものですよね。

ここで、基本的な知識をおさえておきましょう。

俳句

●次の文中の（　）に当てはまる言葉をあとから選び、記号で答えましょう。

□俳句は、五・七・五の十七音から成る、世界で最も①（　　　　）定型詩。

②（　　　　）を入れる決まりがある。

□俳句は、短歌の上の句五・七・五と下の句七・七を何人かで交互に繰り返して詠み、一つの歌にするという③（　　　　）の発句《ほっく》を独立させて生まれた文芸である。

短歌

●次の文中の（　）に当てはまる言葉をあとから選び、記号で答えましょう。

□短歌は、五・七・五・七・七の三十一音から成り、⑪（　　　　）（三十一文字）とも呼ばれる。

□和歌（日本の詩歌）には、もともと短歌の他に⑫（　　　　）・旋頭歌《せどうか》・仏足石歌《ぶっそくせきか》などの形式があったが、次第に短歌形式が主流となった。

□万葉集には、力強く大らかな歌が多く、⑬（　　　　）と呼ばれた。

□古今和歌集以後は、優美で技巧的な歌が多く、⑭（　　　　）と呼ばれた。

まるこさんのアドバイス

俳句の歴史や基本のルールをおさえましょう。

③江戸時代に民衆の間で広く行われていた連歌は滑稽味を主としたもので、「俳諧連歌」「俳諧」と呼ばれていた。

④江戸時代には「俳句」という言葉はなく、「（俳諧の）発句」「俳諧」と呼ばれていた。「俳句」という言葉が生まれるのは明治時代。

⑥有名な作品の例をあげると

咳《せき》をしても一人　尾崎放哉《おざきほうさい》

⑨例えば、次の句の「や」。

閑《しずか》さや岩にしみ入る蝉《せみ》の声　芭蕉

学習日　　月　　日

1問5点

点

□芸術性の高い、現在の俳句のような形を完成した人物が④（　　　）である。

□同じく連歌から生まれた五・七・五の詩でも、季語を入れる決まりがなく滑稽味《こっけいみ》を主題としたものを⑤（　　　）という。

□季語や五・七・五にとらわれない俳句を、⑥（　　　）俳句という。

□五・七・五よりも音数が多いものを⑦（　　　）、少ないものを⑧（　　　）という。

□「や」「かな」「けり」など、言い切って調子を整えたり感動を表したりする言葉を⑨（　　　）という。

□季語を集めて解説した本を⑩（　　　）という。

〈①～⑩〉

ア 川柳　イ 切れ字　ウ 短い
エ 歳時記　オ 自由律　カ 芭蕉《ばしょう》
キ 季語　ク 句切れ　ケ 紀貫之《きのつらゆき》
コ 字足らず　サ 連歌　シ 字余り

□天橋立《あまのはしだて》、吉野《よしの》など、古来、和歌によく詠み込まれる地名を⑮（　　　）という。

□短歌の意味上の切れ目のことを⑯（　　　）という。

□五七／五七／七で意味が切れるものを⑰（　　　）、五／七五／七七で意味が切れるものを⑱（　　　）という。

□「あしひきの」「たらちねの」など、特定の語の前に置いて調子を整える言葉を⑲（　　　）という。

□同じ読みの語を用いて一つの言葉に二つ以上の意味を込める技法を⑳（　　　）という。

〈⑪～⑳〉

ア 歌枕《うたまくら》　イ 長歌　ウ 五七調
エ 掛詞《かけことば》　オ 句切れ　カ 東歌《あずまうた》
キ 序詞《じょことば》　ク 枕詞《まくらことば》　ケ 七五調
コ たをやめぶり　サ ますらをぶり
シ みそひともじ

↓解答は別冊14ページ

短歌の歴史や、表現技法をおさえましょう。

⑫短歌（和歌）は、男女の交流の場面で会話の中で詠んだり手紙に書いて贈り合ったりという形で多く使われた。

⑬・⑭江戸時代の国学者、賀《か》茂真淵《ものまぶち》の評。

⑰・⑱⑰は万葉集に多く、⑱は古今和歌集以後に多い。

⑲・⑳他にも次のような表現技法がある。
・序詞…掛詞や比喩を使って、ある言葉を導き出す。
・折句《おりく》…各句の頭にものの名前などを詠み込む。

例から衣
きつつなれにし
つましあれば
はるばる来ぬる
たびをしぞ思ふ

かきつばた！

第48日

有名な短歌や俳句はぜひ覚えておきたい

第五章　日本の文化　短歌と俳句の作者

学習日　　月　　日

1問5点

点

有名な短歌や俳句は、現代でも文章や会話の中にしばしば引用されます。その短歌や俳句を知っていればお互いの会話がはずむでしょうし、覚えている短歌や俳句をアレンジして会話を楽しんだり盛り上げたりすれば、さらに知的で楽しい会話が期待できるでしょう。

●次の和歌（短歌）の作者名をあとから選び、記号で答えましょう。

□① 憶良《おくら》らは今は罷《まか》らむ子泣くらむ　それその母も吾《わ》を待つらむそ　（　　　）

□② 春の野にすみれ摘みにと来《こ》し我ぞ　野をなつかしみ一夜寝《ひとよね》にける　（　　　）

□③ 花の色はうつりにけりないたづらに　わが身世にふるながめせしまに　（　　　）

●松尾芭蕉《まつおばしょう》、与謝蕪村《よさぶそん》、小林一茶《こばやしいっさ》の作品をあとから二つずつ選び、記号で答えましょう。

□ 松尾芭蕉　⑨（　　　）　⑩（　　　）

□ 与謝蕪村　⑪（　　　）　⑫（　　　）

□ 小林一茶　⑬（　　　）　⑭（　　　）

〈⑨〜⑭〉

ア 春の海終日《ひねもす》のたりのたりかな

イ 雀《すずめ》の子そこのけそこのけお馬が通る

ウ 菜の花や月は東に日は西に

エ 五月雨《さみだれ》を集めて早し最上川《もがみがは》

オ 名月をとってくれろと泣く子かな

カ 夏草や兵《つはもの》どもが夢の跡《あと》

まるこさんのアドバイス

短歌（和歌）は、およその時代を一緒に覚えておくといいですね。

①・②は、『万葉集』（奈良時代以前）の歌人。

③〜⑤は、『古今和歌集』（平安時代）の歌人。

⑥〜⑧は、平安時代末期から鎌倉時代の歌人。

③花の「色」と自分の容色を重ねている。

⑥「如月の望月のころ」とは、旧暦二月十五日ごろのこと。作者は、実際にそのころに亡くなったといわれている。

□④ 世の中にたえて桜のなかりせば
春の心はのどけからまし
（　　）

□⑤ 人はいさ心も知らずふるさとは
花ぞ昔の香ににほひける
（　　）

□⑥ 願はくは花の下にて春死なむ
その如月《きさらぎ》の望月《もちづき》のころ
（　　）

□⑦ 見渡せば花も紅葉《もみぢ》もなかりけり
浦《うら》の苫屋《とまや》の秋の夕暮れ
（　　）

□⑧ 大海《おほうみ》の磯《いそ》もとどろに寄する波
われて砕《くだ》けて裂けて散るかも
（　　）

〈①〜⑧〉

ア 源《みなもとの》 実朝《さねとも》　イ 藤原《ふじわらの》 定家《ていか》
ウ 西行《さいぎょう》　エ 小野小町《おののこまち》
オ 山上憶良《やまのうえのおくら》　カ 在原業平《ありわらのなりひら》
キ 山部赤人《やまべのあかひと》　ク 紀貫之《きのつらゆき》

● 次の近現代の短歌・俳句の作者名をあとから選び、記号で答えましょう。

□⑮ やはらかに柳あをめる
北上《きたかみ》の岸辺目に見ゆ
泣けとごとくに
（　　）

□⑯ のど赤き玄鳥《つばくらめ》ふたつ屋梁《はり》にゐて
足乳根《たらちね》の母は死にたまふなり
（　　）

□⑰ その子二十《はたち》櫛《くし》にながるる黒髪の
おごりの春のうつくしきかな
（　　）

□⑱ 分け入つても分け入つても青い山
（　　）

□⑲ 鶏頭《けいとう》の十四五本もありぬべし
（　　）

□⑳ 白牡丹《はくぼたん》といふといへども紅《こう》ほのか
（　　）

〈⑮〜⑳〉

ア 与謝野晶子《よさのあきこ》　イ 石川啄木《いしかわたくぼく》
ウ 斎藤茂吉《さいとうもきち》　エ 正岡子規《まさおかしき》
オ 高浜虚子《たかはまきょし》　カ 種田山頭火《たねださんとうか》

→ 解答は別冊14ページ

⑦この歌は、次の二つの歌と合わせて「三夕《さんせき》の歌」と呼ばれている。
・寂しさはその色としもなかりけり槙《まき》立つ山の秋の夕暮れ　（寂蓮《じゃくれん》）
・心なき身にもあはれは知られけり鴫《しぎ》立つ沢の秋の夕暮れ　（西行）

⑧作者は、鎌倉幕府第三代征《せい》夷《い》大将軍。

三人の俳人の代表作は次のとおりです。
・松尾芭蕉『おくのほそ道』
・与謝蕪村『新花摘《しんはなつみ》』
・小林一茶『おらが春』

近現代の歌人・俳人の代表的な歌集・句集は次のとおりです。
・与謝野晶子『みだれ髪』
・石川啄木『一握《いちあく》の砂』
・斎藤茂吉『赤光《しゃっこう》』
・正岡子規『竹乃《の》里歌』
・高浜虚子『虚子句集』
・種田山頭火『草木塔《そうもくとう》』

第49日

第五章　日本の文化　文学作品の名前

有名文学についての常識いろいろ

近世までの有名文学、中でも三大歌集や三大随筆の作品名や作者名、近現代ではノーベル文学賞作家などの名前や作品名は日本人の常識として知っておきましょう。また、特に近現代の作家や作品名は漢字で書けるようにしておきたいものです。

古代〜近世

●次の説明に合う文学作品名、または作者名をあとから選び、記号で答えましょう。

□① 皇族から庶民まで広い階層の人々の歌が収録された現存する最古の歌集といえば？

□② 三大歌集といえば、①の歌集と、古今和歌集、もう一つは？

□③ 「物語の出《い》で来はじめの祖《おや》」とも言われる、現存する日本最古の物語は？

□④ 男性が女性に仮託して書いた、日本最初の日記文学といえば？

□⑫ 「秘すれば花」などの名言でも知られる、世阿弥《ぜあみ》による能楽論書といえば？

□⑬ 『好色一代男』『日本永代蔵』などの作品で一世を風靡《ふうび》した作家といえば？

□⑭ 『おくのほそ道』などで知られる、俳句を芸術として完成させた俳諧師といえば？

□⑮ 弥次郎兵衛《やじろべえ》、喜多八《きたはち》の旅の様子を描いた、十返舎一九《じっぺんしゃいっく》による滑稽本《こっけいぼん》といえば？

〈①〜⑮〉

ア 今昔物語集　イ 土佐日記　ウ 徒然草
エ 井原西鶴《いはらさいかく》　オ 竹取物語　カ 万葉集
キ 東海道中膝栗毛《ひざくりげ》　ク 新古今和歌集
ケ 伊勢《いせ》物語　コ 風姿花伝《ふうしかでん》　サ 太平記
シ 松尾芭蕉　ス 源氏物語　セ 枕草子
ソ 平家物語

まるこさんのアドバイス

作品名、作者名とともに、どんな内容かも簡単におさえておきましょう。

①代表的歌人に柿本人麻呂《かきのもとのひとまろ》、大伴家持《おおとものやかもち》などがいる。

②鎌倉時代に作られた勅撰《ちょくせん》和歌集（天皇の命で作られた歌集）。

③『源氏物語』に「物語の出で来はじめの祖」と書かれている。

④土佐国から都へ帰る旅の様子が描かれている。

⑥・⑧は、平安女流文学の代表作。作者の清少納言と紫式部は、ライバルでもあり、作品も対比されることがある。⑥の随筆は「をかしの文学」、⑧の物語は「あはれの文学」といわれる。

学習日　　月　　日

1問5点

点

□⑤ 在原業平《ありわらのなりひら》を思わせる男が主人公の、歌を中心とした物語といえば？ （　　）

□⑥ 平安時代の宮中に仕えた清少納言による随筆の傑作といえば？ （　　）

□⑦ 日本三大随筆といえば、⑥の作品と、鴨長明《かものちょうめい》「方丈《ほうじょう》記《き》」ともう一つは？ （　　）

□⑧ 光源氏とその一族の人生を壮大なスケールで描いた、紫式部による長編小説といえば？ （　　）

□⑨ 「今は昔」という書き出しで始まる、平安時代に成立した説話集といえば？ （　　）

□⑩ 源平合戦を中心に平家の栄光と没落を描いた軍記物語といえば？ （　　）

□⑪ 足利尊氏《あしかがたかうじ》、楠木正成《くすのきまさしげ》らの活躍、南北朝の動乱などを描いた軍記物語といえば？ （　　）

近現代

● 次の作家名を漢字で書きましょう。

□⑯ 言文一致を目指した『浮雲』などの作品で知られる作家。 （　　）

□⑰ 猫を主人公とした長編小説を書いた作家。 （　　）

□⑱ 『今昔物語集』に取材した『羅生門』『鼻』などの小説で知られる作家。 （　　）

□⑲ 『人間失格』『斜陽』などの作品を書き、自殺未遂などの波乱万丈な人生でも知られる作家。 （　　）

□⑳ 『伊豆の踊子』などの作品で知られる、日本人初のノーベル文学賞受賞作家。 （　　）

↓解答は別冊14ページ

⑦「方丈記」は、作者が一丈《じょう》四方（方丈）の庵《いおり》に住んでいたことから名付けられた作品名。

⑧光源氏の一生を描いた第一・二部と光源氏の子ども・孫の世代を描いた第三部に分けられる。五十四帖《じょう》のうち、最後の十帖を「宇治《うじ》十帖」と呼ぶ。

⑨芥川龍之介《あくたがわりゅうのすけ》の作品の素材ともなっている。

⑩琵琶法師《びわほうし》によって広められた。

⑫別名『花伝書《かでんしょ》』。『花伝』とも。

⑮「滑稽本」とは、江戸時代後期の滑稽味を主眼とした大衆向けの小説のこと。

⑯作者のペンネームは「くたばってしめえ」という言葉からつけられた。

⑳日本人のノーベル文学賞受賞作家は、他に大江健三郎《おおえけんざぶろう》がいる。

第50日

第五章　日本の文化　文学作品の冒頭文

文学作品の冒頭、覚えていますか？

学習日　　月　　日

1問5点

点

文学作品の出だしの文は、どれもとても印象深いものですが、覚えていますか？　なにげない会話の中で冒頭文がすらすらと口に出るような人は、ちょっとした日本文学通と言えるでしょう。ぜひ覚えておきたいものですね。

●次の書き出しではじまる文学作品名をあとから選び、記号を○で囲みましょう。

□① 今は昔、竹取の翁《おきな》といふ者ありけり。
　ア お伽《とぎ》草子　イ 竹取物語　ウ 今昔物語集

□② 昔、男、初冠《うひかうぶり》して、奈良の京《みやこ》、春日《かすが》の里にしるよしして、狩りにいにけり。
　ア 大和物語　イ 住吉物語　ウ 伊勢物語

□③ 男もすなる日記《にき》といふものを、女もしてみむとて、するなり。
　ア 更級《さらしな》日記　イ 土佐日記　ウ 蜻蛉《かげろう》日記

□⑩ 月日は百代《はくたい》の過客《くわかく》にして、行きかふ年もまた旅人なり。
　ア 去来抄　イ 猿蓑《さるみの》　ウ おくのほそ道

●次の書き出しではじまる文学作品名をあとから選び、記号で答えましょう。

□⑪ 「武蔵野の俤《おもかげ》は今わずかに入間《いるま》郡に残れり」と自分は文政年間に出来た地図で見た事がある。（　　）

□⑫ 親譲りの無鉄砲で子供の時から損ばかりしている。（　　）

□⑬ 山路《やまみち》を登りながら、こう考えた。智に働けば角が立つ。情に棹《さお》させば流される。意地を通せば窮屈だ。（　　）

□⑭ 木曾路はすべて山の中である。（　　）

まるこさんのアドバイス

①〜⑩は近世までの文学です。
①現代では、「かぐやひめ」の物語として親しまれている作品。
③著者は、歌人としても有名な紀貫之《きのつらゆき》。
④の作者は清少納言、⑤の作者は紫式部。
⑦災害や地震の記録としても注目されている随筆。
⑧作者は、吉田兼好《よしだけんこう》(兼好法師)。
⑩奥州《おうしゅう》への旅の様子を、俳句とともにつづった俳諧紀行文。

□④春はあけぼの。やうやう白くなりゆく山ぎは、すこしあかりて……
ア 紫式部日記　イ 枕草子

□⑤いづれの御時《おほんとき》にか、女御《にょうご》、更衣《かうい》あまたさぶらひ給《たま》ひける中に、いとやむごとなき際《きは》にはあらぬが……
ア 源氏物語　イ 落窪《おちくぼ》物語

□⑥やまとうたは、人の心を種として、万《よろづ》の言の葉とぞなれりける。
ア 古今和歌集の仮名序
イ 新古今和歌集の仮名序

□⑦行く河の流れは絶えずして、しかも、もとの水にあらず。
ア 愚管《ぐかん》抄　イ 発心集　ウ 方丈記

□⑧つれづれなるままに、日暮らし硯《すずり》にむかひて、心にうつりゆくよしなしごとを、そこはかとなく……
ア 徒然草　イ 沙石集　ウ 醒睡笑《せいすいしょう》

□⑨祇園精舎《ぎをんしやうじや》の鐘の声、諸行無常の響きあり。
ア 太平記　イ 平家物語
ウ 義経記

□⑮どっどど どどうど どどうど どどう／青いくるみも吹きとばせ／すっぱいかりんも吹きとばせ　（　　）

□⑯隴西《ろうさい》の李徴《りちょう》は博学才穎《はくがくさいえい》、天宝の末年、若くして名を虎榜《こぼう》に連ね、ついで江南尉《こうなんい》に補せられたが、性、狷介《けんかい》、自ら恃《たの》むところ頗《すこぶ》る厚く、賤吏《せんり》に甘んずるを潔しとしなかった。　（　　）

□⑰山椒魚は悲しんだ。　（　　）

□⑱メロスは激怒した。　（　　）

□⑲えたいの知れない不吉な魂が私の心を始終圧《おさ》えつけていた。　（　　）

□⑳廻《まわ》れば大門の見返り柳いと長けれど、お歯ぐろ溝《どぶ》に燈火《ともしび》うつる三階の騒ぎも手に取るごとく、……　（　　）

〈⑪～⑳〉
ア 山月記《さんげつき》　イ 夜明け前　ウ 檸檬《れもん》
エ たけくらべ　オ 風の又三郎
カ 坊《ぼ》っちゃん　キ 走れメロス
ク 武蔵野　ケ 山椒魚《さんしょううお》　コ 草枕

↓解答は別冊15ページ

⑪～⑳は近現代文学です。次に作者名や代表作品を挙げておきます。
⑪国木田独歩《くにきだどっぽ》
『運命』など。
⑫・⑬夏目漱石《なつめそうせき》
『吾輩は猫である』など。
⑭島崎藤村《しまざきとうそん》
『破戒』など。
⑮宮沢賢治《みやざわけんじ》
『銀河鉄道の夜』など。
⑯中島敦《なかじまあつし》
『李陵』など。
⑰井伏鱒二《いぶせますじ》
『黒い雨』など。
⑱太宰治《だざいおさむ》
『斜陽』など。
⑲梶井基次郎《かじいもとじろう》
『桜の樹の下には』など。
⑳樋口一葉《ひぐちいちよう》
『にごりえ』など。

第51日

第五章　日本の文化　古語の仮名遣い

「てふてふ」って、何と読む……？

学習日　　月　　日

1問5点

点

歴史的仮名遣いとは、平安時代中期以前の発音に基づくもの。古文を読むには歴史的仮名遣いを現代仮名遣いに直して読まなければなりません。古文の基本的な知識として覚えておきたいですね。そうすれば、ある日、突然、百人一首の読み手に指名されても大丈夫。

●傍線部の歴史的仮名遣いを、現代仮名遣いに直し、すべてひらがなで書きましょう。

①いにしへ見し人は、二、三十人が中に、②わづかにひとりふたりなり。（方丈記）

名こそ流れて　③なほ聞こえけれ（百人一首）

□①（　　　）

□②（　　　）

□③（　　　）

月日は百代の　⑩過客《くわかく》にして、行きかふ年もまた旅人なり。（おくのほそ道）

⑪管絃《くわんげん》し給ひつるは、この人々にておはしけり。（平家物語）

⑫からうじて、大和人、「来む。」と言へり。（伊勢物語）

⑬やうやう白くなりゆく山ぎはは（枕草子）

いと　⑭うつくしうて　⑮ゐたり。（竹取物語）

□⑩（　　　）

□⑪（　　　）

□⑫（　　　）

□⑬（　　　）

□⑭（　　　）

まるこさんのアドバイス

仮名遣いのルールを覚えておきましょう。

1語頭と助詞以外の「は・ひ・ふ・へ・ほ」→「わ・い・う・え・お」

①「へ」→「え」　③「ほ」→「お」

2「ゐ」「ゑ」「を」→「い」「え」「お」

④「ゑ」→「え」　⑥「を」→「お」　「をば」とは「叔母・伯母」のこと。

3「ぢ」「づ」→「じ」「ず」

②「づ」→「ず」　⑦「づ」→「ず」　「ぢ」→「じ」

持仏　④据《す》ゑ奉りて行ふ尼なりけり。（源氏物語）

□④（　　）

木の陰に　⑤下《お》りゐて、乾飯《かれいひ》食ひけり。（伊勢物語）

□⑤（　　）

若き時に親は死にければ、⑥をばなむ親のごとくに（大和物語）

□⑥（　　）

⑦あづまぢの道のはてよりも、なほ奥つ方に⑧生《お》ひ出《い》でたる人（更級日記）

□⑦（　　）

□⑧（　　）

⑨なんぢがためにはよい敵《かたき》ぞ。（平家物語）

□⑨（　　）

帥殿《そちどの》射給ふに、⑯いみじう臆《おく》し給ひて、（大鏡）

□⑮（　　）

□⑯（　　）

御⑰兄人《せうと》、堀河《ほりかは》の大臣《おとど》（伊勢物語）

□⑰（　　）

衣ほす　⑱てふ天《あま》の香具山《かぐやま》（百人一首）

□⑱（　　）

名をば、さぬきの造《みやつこ》と⑲なむいひける。（竹取物語）

□⑲（　　）

⑳東《ひむがし》の野に炎《かぎろひ》の立つ見えて（万葉集）

□⑳（　　）

↓解答は別冊15ページ

4 ⑩・⑪「くわ」「ぐわ」→「か」「が」
「くわ」→「か」

5 「au」→「ou」
「iu」→「yuu」
「eu」→「you」
⑫「からうじて」の「らう」をローマ字にすると「rau」。「rau」の部分を「rou」に変える。
⑬「やう」→「yau」→「you」
⑭「しう」→「siu」→「syuu」
⑰「せう」→「seu」→「syou」
⑱「てふ」は、1のルールに従うと「てう」。
「てう」→「teu」→「tyou」

6「む」→「ん」
⑲・⑳「む」→「ん」

第52日

第五章　日本の文化　古語の意味

奥深い古語の世界に分け入ろう

学習日　　月　　日

1問5点

点

学校を卒業すると、古文を読む機会もほとんどなくなりますね。しかし、たまには読んでみるのもいいものですよ。そんなとき、古語の意味を知っていると、古文を読む楽しさも倍増します。奥深い古語の意味を知って、古文に親しんでみましょう。

●傍線部の古語の意味として正しい記号を○で囲みましょう。

①いと悲しく　②おぼえけり。（大和物語）

□①　ア　とても　イ　やや

□②　ア　感じた　イ　思い出した

それを見れば、三寸ばかりなる人、いと③うつくしうて　④ゐたり。（竹取物語）

□③　ア　美しい様子で　イ　かわいらしい様子で

□④　ア　ねむっていた　イ　すわっていた

こぼれかかりたる髪、つやつやと⑪めでたう見ゆ。（源氏物語）

□⑪　ア　喜ばしく　イ　見事に

「たゞ⑫とくとく頸《くび》をとれ」とぞのたまひける。（平家物語）

□⑫　ア　早く　イ　淡々と

世の中に物語といふもののあんなるを、いかで⑬見ばやと思ひつつ（更級日記）

□⑬　ア　見られない　イ　見たい

参りたる人ごとに山へ登りしは、何事かありけん、⑭ゆかしかりしかど（徒然草）

□⑭　ア　由緒ありげだったが　イ　知りたかったが

まるこさんのアドバイス

現代語と形が似ていても意味が異なる古語があります。

②「おぼゆ」では なく「感じる」という意味。

③現代語の「美しい」に近い言葉は、古語では「清らなり」。

⑥「あはれなり」は「かわいそう」という意味ではないので注意。

⑪「めでたし」は「見事だ。立派だ」という意味。

現代語には見られない古語もたくさんあります。

⑫「とし」は「早い」という意味。

⑬「～ばや」は、動詞などの後に付いて、願望の気持ち「～たい。～たらなあ」を表す。「見せばや」なら「見せたいな」という意味になる。

□⑤ ⑤あやしがりて寄りて見るに、筒の中光りたり。（竹取物語）

ア 怪しいと思って
イ 不思議に思って

□⑥ ⑥あはれなるものは、かかる所の秋なりけり。（源氏物語）

ア 気の毒に感じる
イ しみじみと趣がある

□⑦ 雨など降るも⑦をかし。（枕草子）

ア 情趣がある
イ 滑稽だ

□⑧ ⑧本意《ほい》のごとくあひにけり。（伊勢物語）

ア 本当の意図・意志
イ かねてからの願い

□⑨ ⑨さらにまだ見ぬ骨のさまなり。（枕草子）

ア 決して
イ そのうえ

□⑩ ⑩年ごろ思ひつること、果たし侍りぬ。（徒然草）

ア 一人前の年齢になるまで
イ 長年の間

□⑮ ⑮いづこも同じ秋の夕暮れ（百人一首）

ア どこでも
イ いつでも

□⑯ 何か射る。⑯な射そ、な射そ。（大鏡）

ア 早く射ろ、早く射ろ。
イ 射るな、射るな。

□⑰ はや舟に乗れ。日も⑰暮れぬ。（伊勢物語）

ア まだ暮れない
イ 暮れてしまった

□⑱ うさぎ ⑱おいしかの山（ふるさと）

ア 美味しい
イ 追いかけた

□⑲ 夏は ⑲来《き》ぬ（夏は来ぬ）

ア 来ない
イ 来た

□⑳ 今こそ ⑳別れめいざさらば（仰げば尊し）

ア 別れよう
イ 別れの時だ

↓解答は別冊15ページ

⑭「ゆかし」は、「見たい、知りたい、聞きたい」という気持ちを表す。

⑯「な〜そ」で「〜してはいけない」「〜するな」という意味。「勿来《なこそ》」という地名があるが、もとは「来るな」という意味。

⑰ここでの「ぬ」は、「〜してしまった」「〜した」という完了の意味を表す。

歌詞の中の古語の意味、改めておさえておきましょう。

⑱「おいし」は、漢字にすると「追いし」で「追った。追いかけた」という意味。

⑲ここでの「ぬ」は、⑰と同じで「〜した」という意味。

⑳この「別れめ」の「め」は「目」ではなく、古語で意志を表す「む」の已然《いぜん》形。

おなじみの歌詞ですが、意味を間違えていませんでしたか？

使ってみたい。雨や天候を表す美しい言葉

学習日　　月　　日

1問5点

点

春先の嫌な長雨も、「菜種梅雨」と言えばなぜか親しみのあるものに感じられます。日本人の感性が表れた言葉と言えるでしょう。味わい深いこんな言葉、時には使ってみたいですね。あなたを見る周囲の目が違ってくるかもしれませんよ。

●次の説明に当てはまる名称をあとから選び、記号で答えましょう。

雨・季節

□①　日が照っているのに雨が降る、天気雨のこと。〔　　〕

□②　菜の花のころ降り続く長雨。〔　　〕

□③　晩秋のにわか雨。〔　　〕

□④　現在で言う、梅雨のこと。〔　　〕

天体・気象

□⑪　満月のこと。〔　　〕

□⑫　夜が明けても空に残っている月。〔　　〕

□⑬　西の空に沈むときに、下図のような形になる月。〔　　〕

□⑭　夜明けに東の空がほんのり白むころ。また、その頃の東の空になびく雲。〔　　〕

□⑮　夜明け前のまだ暗いころ。〔　　〕

〈⑪～⑮〉

ア　東雲《しののめ》　　イ　下弦《かげん》の月　　ウ　望月《もちづき》

エ　暁《あかつき》　　オ　上弦《じょうげん》の月　　カ　有明《ありあけ》の月

まるこさんのアドバイス

①～④は、雨を表す言葉です。

①「狐の嫁入り」は、闇夜に山や野で狐火が連なっているのをいうこともある。

③「村雨《むらさめ》」「驟雨《しゅうう》」もにわか雨を表す言葉。

④旧暦の五月は、現在の六月ごろにあたる。

⑤・⑦～⑩は、二十四節気を表す言葉です。二十四節気とは、一年を二十四に分け、季節の目安としたもの。

⑪～⑮は、天体や気象を表す言葉です。

⑪満月（十五夜）の翌晩は、「十六夜」と書いて、「いざよい」と呼ぶ。

⑫「残月」ともいう。

□⑤ 三月六日ごろの、冬ごもりしていた生き物が動き出す季節。（　）

□⑥ 初冬の、春に似た穏やかで暖かい日和が続く季節。（　）

□⑦ 五月六日ごろの、夏の気配が感じられ始める季節。（　）

□⑧ 六月六日ごろの、作物の種をまく時期。（　）

□⑨ 九月八日ごろの、夜が冷え、草木に朝露がつき始める季節。（　）

□⑩ 一月二十日ごろの、一年で最も寒い季節。（　）

〈①〜⑩〉

ア 菜種梅雨　イ 時雨《しぐれ》　ウ 啓蟄《けいちつ》
エ 狐の嫁入り　オ 大寒《だいかん》　カ 白露《はくろ》
キ 五月雨《さみだれ》　ク 立夏《りっか》　ケ 芒種《ぼうしゅ》
コ 小春《こはる》

月の異名

一月 → 睦月《むつき》
二月 → 如月《きさらぎ》
□⑯ 三月 →（　）
四月 → 卯月《うづき》
□⑰ 五月 →（　）
□⑱ 六月 →（　）
七月 → 文月《ふみづき》
□⑲ 八月 →（　）
九月 → 長月《ながつき》
□⑳ 十月 →（　）
十一月 → 霜月《しもつき》
十二月 → 師走《しわす》

〈⑯〜⑳〉

ア 神無月《かんなづき》　イ 弥生《やよい》　ウ 皐月《さつき》
エ 水無月《みなづき》　オ 葉月《はづき》

↓解答は別冊15ページ

⑬月の形を弓に見立て、月が西の空に沈むときに弦が上に来る月を「上弦の月」、下に来る月を「下弦の月」という。

西に沈むときに右図のようになる月は、弦が下に来るので「下弦の月」。

⑮明け方の時間を表す言葉は、他にいくつもある。「暁」は、現在では「夜明け頃」の意味でも使われるが、本来は「夜明け前」を指す言葉だった。

暁＝夜明け前。
←
東雲《しののめ》＝東の空がわずかに白む。
←
曙《あけぼの》＝空が次第に明け始めるころ。

月の異名は、時候の挨拶などで今も使われることがあります。

第54日

第五章　日本の文化　カタカナ語

巷《ちまた》にあふれるカタカナ語、どんな意味？

学習日　　月　　日

1問5点

点

今やカタカナ語も日本の文化の一つです。

身の回りにあふれているカタカナ語。意味は何となくわかるけれど正確に説明できないものや耳慣れないものも多いですね。

話題に上りやすいカタカナ語の意味をおさえてスマートでスムーズな会話に生かしましょう。

●傍線部のカタカナ語の意味をあとから選び、記号で答えましょう。

□① 環境アセスメントに基づいて開発する。　（　　）
ア 査定・評価　イ 禁止事項
ウ 保護活動

□② インバウンド需要が高まる。　（　　）
ア 輸出入　イ 訪日旅行
ウ 国内旅行

□③ 新薬の効果を示すエビデンス。　（　　）
ア 情報　イ 実験
ウ 証拠

社会問題

□⑩ マイノリティ　（　　）
□⑪ ヤングケアラー　（　　）
□⑫ LGBTQ　（　　）
□⑬ ポリティカル・コレクトネス　（　　）

〈⑩～⑬〉
ア 社会における少数派のこと。
イ 人種・性別・職業などによる偏見や差別を含まない表現をしようとすること。
ウ 同性愛者や性自認が出生時の性と異なる人など、性的少数派の総称。
エ 必要に迫られて、日常的に家事や介護などを行っている子どものこと。

環境

□⑭ SDGs　（　　）
□⑮ フードマイレージ　（　　）

まるこさんのアドバイス

使われ方も確認しましょう。
②は、本来は「外から中へ入ってくる」という意味。現在は「外国人の訪日旅行」の意味で使われることが多い。
④は、「インフラストラクチャー」の略。生活に必要不可欠な社会基盤のことで、水道、ガス、電気だけでなく、交通網、通信網、公共施設なども含む。
⑨「ライフライン」は、本来「命綱」という意味。「インフラ」と意味が重なるが、「ライフライン」は個人の生活・生命の維持、「インフラ」は社会全体の構造を問題にするときに使われることが多い。
⑩対義語は「マジョリティ（多数派）」。

□④ 発展途上国にインフラを整備する。
ア 福祉施設　イ 社会基盤
ウ 教育施設
（　　）

□⑤ 社員にコンプライアンス研修を行う。
ア 一般常識　イ 法令遵守
ウ 社会倫理
（　　）

□⑥ ハラスメントを防止する対策。
ア 嫌がらせ　イ 差別
ウ 犯罪
（　　）

□⑦ 企業によるプロパガンダに流されない。
ア 不正　イ 暴力行為
ウ 宣伝
（　　）

□⑧ ポテンシャルが高い新入社員。
ア 顕在能力　イ 想像力
ウ 潜在能力
（　　）

□⑨ 災害時のライフラインを維持する。
ア 緊急時の連絡先
イ 生活に必須な設備
ウ 非常用の備蓄
（　　）

●次のカタカナ語や略語の意味をあとから選び、記号で答えましょう。

□⑯ バイオマス （　　）

〈⑭〜⑯〉
ア 生物由来の再生可能なエネルギー。
イ 食料が生産地から消費者に届くまでにかかった環境負荷を示す指標。
ウ 貧困・格差・気候変動などを解決し、持続可能な世界を作るための国際目標。

メディア

□⑰ SNS （　　）
□⑱ フェイクニュース （　　）
□⑲ 情報リテラシー （　　）
□⑳ インフルエンサー （　　）

〈⑰〜⑳〉
ア 情報を適切に読み取り、活用する能力。
イ 主にウェブサイト上で拡散される、虚偽の情報や報道。
ウ 特にネット上で世間の人々の考え方に大きな影響を与える力をもつ人物。
エ インターネットを通して行う、人間関係を築くための会員制サービス。

↓解答は別冊15ページ

⑫「L」はレズビアン（女性の同性愛者）、「G」はゲイ（男性の同性愛者）、「B」はバイセクシュアル（両性愛者）、「T」はトランスジェンダー（性自認が出生時の性と異なる人）、「Q」はクィア、クエスチョニング（性自認が定まらない人）のこと。

⑬「ポリコレ」と略されることも多く、「ポリコレに配慮した映画」などと使われる。

⑭「サスティナブル・デベロップメント・ゴールズ（Sustainable Development Goals）」の略。

⑮フードマイレージを減らすため、地産地消の取り組みなどが行われている。

⑳一般人の中から、SNSによる情報発信によって多くの人に影響を与える人物が現れ、注目を集めるようになった。

⑩〜⑳は、近年、特に話題になることが多い言葉ですね。

チャレンジ問題⑤
古典文学の作者

問い　①～⑩は、日本古典文学史をいろどる人物たちの自己紹介です。さて、「私」とは、誰でしょう。記号で答えましょう。

①中宮彰子《しょうし》に仕え、一大長編小説を書いた私。（　　）

②「恋多き女」とよばれ、日記に親王《しんのう》との恋を記した私。（　　）

③中宮定子《ていし》に仕え、才気換発な筆で随筆を書いた私。（　　）

④美男の誉れ高く、『伊勢《いせ》物語』の「男」のモデルと言われる私。（　　）

⑤奈良時代の歌人で、万葉集の編纂《へんさん》に関わったとされる私。（　　）

⑥四畳半ほどの山中の庵《いおり》で世の無常を主題に随筆を書いた私。（　　）

⑦情熱的な恋の歌で知られ世界三大美女の一人に数えられる私。（　　）

⑧俗名は佐藤義清《さとうのりきよ》。漂泊の歌人として、後に芭蕉の憧憬の対象となった私。（　　）

⑨浮世草子作家である一方、俳諧師としても一昼夜に二万句を超える句をつくった記録を残す私。（　　）

⑩「遊びをせんとや生まれけむ戯《たわむ》れせんとや生まれけん」という言葉が収録されている今様歌謡集「梁塵秘抄《りょうじんひしょう》」を編纂した私。（　　）

ア 和泉式部《いずみしきぶ》	イ 西行《さいぎょう》	ウ 清少納言《せいしょうなごん》
エ 後白河法皇《ごしらかわほうおう》	オ 吉田兼好《よしだけんこう》	カ 柿本人麻呂《かきのもとのひとまろ》
キ 井原西鶴《いはらさいかく》	ク 大伴家持《おおとものやかもち》	ケ 小野小町《おののこまち》
コ 紫式部《むらさきしきぶ》	サ 鴨長明《かものちょうめい》	シ 在原業平《ありわらのなりひら》

→ 解答は別冊16ページ

チャレンジ問題⑥
カタカナ語

問い　次の略語の訳や内容をあとから選んで記号で答えましょう。

①IAEA（　　）　②DIY（　　）　③GPS（　　）

④WHO（　　）　⑤ODA（　　）　⑥EV（　　）

⑦GDP（　　）　⑧NGO（　　）

⑨CEO（　　）　⑩AED（　　）

ア 電気自動車　イ 政府開発援助
ウ 非政府組織　エ 国内総生産
オ 世界保健機関　カ 国際原子力機関
キ 最高経営責任者　ク 全地球測位システム
ケ 自分自身の力でやること。
コ 心臓に電気ショックを与え、正常な機能を回復する医療装置。（自動体外式除細動器）

→ 解答は別冊16ページ

学習記録表

何問できたか記録してみましょう

「解きながら身につける大人の語彙力」、楽しみながら学習することができましたか？　毎日20問ずつ問題を解くことで、ぐっと語彙力がついたことでしょう。どんな分野がよくできたか、苦手な分野はどんなところか、正解の数を記録してみることで自分の力が客観的にわかります。20問のうち何問できたか記録してみましょう。

第一章　漢字の読み

第1日	/20
第2日	/20
第3日	/20
第4日	/20
第5日	/20
第6日	/20
第7日	/20
第8日	/20
第9日	/20
第10日	/20
第11日	/20
第12日	/20
第13日	/20
第14日	/20

正解数	問
問題数	280

第二章　漢字の書き

第15日	/20
第16日	/20
第17日	/20
第18日	/20
第19日	/20
第20日	/20
第21日	/20
第22日	/20
第23日	/20
第24日	/20
第25日	/20

正解数	問
問題数	220

第三章 言葉の意味と使い方

第26日 ／20
第27日 ／20
第28日 ／20
第29日 ／20
第30日 ／20
第31日 ／20
第32日 ／20
第33日 ／20
第34日 ／20
第35日 ／20
第36日 ／20
第37日 ／20
第38日 ／20

正解数	問
問題数	260

第四章 敬語

第39日 ／20
第40日 ／20
第41日 ／20
第42日 ／20
第43日 ／20

正解数	問
問題数	100

第五章 日本の文化

第44日 ／20
第45日 ／20
第46日 ／20
第47日 ／20
第48日 ／20
第49日 ／20
第50日 ／20
第51日 ／20
第52日 ／20
第53日 ／20
第54日 ／20

正解数	問
問題数	220

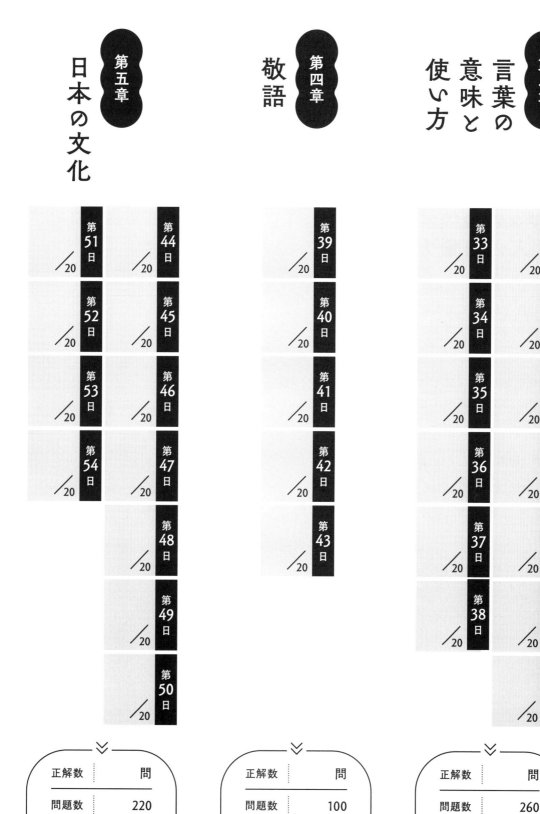

解きながら身につける
大人の語彙力

2023年11月14日　初版第1刷発行
2024年 4月 6日　初版第3刷発行

カバー・本文デザイン	南 彩乃（細山田デザイン事務所）
カバー・本文イラスト	山内 庸資
図版イラスト	野口 真弓
企画・編集	横井 瞭子（株式会社エイティエイト）
	相場 紀子（株式会社エイティエイト）
組版	株式会社シーアンドシー
発行人	志村 直人
発行所	株式会社くもん出版
	〒141-8488
	東京都品川区東五反田2-10-2
	東五反田スクエア11F
電話	代表 03-6836-0301
	編集 03-6836-0317
	営業 03-6836-0305
ホームページ	https://www.kumonshuppan.com/
印刷・製本	三美印刷株式会社

Printed in Japan
ISBN:978-4-7743-3524-7
CD:34241

解きながら身につける

大人の語彙力

別冊解答

第1日 なぜか、意外に難しい訓読み

→8・9ページ

解答

①あやつる ②あざむく ③いたわる
④おもむく ⑤かたより ⑥あばく
⑦ゆだねる ⑧まかなう ⑨いろどる
⑩くつがえす ⑪おぎなって ⑫かもし
⑬あなどる ⑭わずらった ⑮つむいで
⑯そこなう ⑰たきぎ ⑱はなはだしい
⑲いまわしい ⑳あざやか

※⑰「まき」でも正解。

第2日 声に出して読みたい漢字

→10・11ページ

解答

①いさぎよい ②うやうやしく ③はばかる
④はぐくみ ⑤さえずり ⑥よみがえった
⑦ひざまずいて ⑧たたずまい ⑨わずらわしい
⑩たおやか ⑪したたか ⑫あえぎ
⑬しおれた ⑭うなずいた ⑮うなった
⑯いぶかしげ ⑰うつろ ⑱ずるい
⑲かたわら ⑳ねんごろ

※⑩は「しなやか」、⑱は「こすい・わるがしこい」でも正解。

第3日 同じ漢字をどう読み分けるか、それが問題だ

↓12・13ページ

解答

①おこたる ②なまける ③つかまえる
④とらえる ⑤あおぐ ⑥おおせ
⑦はじめ ⑧ういじん ⑨でぞめ
⑩くわしく ⑪つまびらか ⑫まばら
⑬うとい ⑭おろそか ⑮せまい
⑯せばめる ⑰かご ⑱こもる
⑲たち ⑳ただす

第4日 魚が焦げても焦らない

↓14・15ページ

解答

①こげて・あせら ②ひそむ・もぐる
③のがれる・にげた ④こわれ・うけ
⑤いつわった・にせ ⑥しめる・うらなって
⑦かって・かける ⑧おくれた・おそい
⑨あたらしい・あらた ⑩きたる・くる
⑪とおって・かよう ⑫ただち・なおさ
⑬おこなう・いく（ゆく） ⑭なめらか・すべり
⑮きびしい・おごそか ⑯かえりみ・はぶく
⑰しずく・したたる ⑱くやしい・くいる
⑲ためし・こころみる ⑳かるい・かろやか

第5日 料理店のお品書き、読めますか？

↓16・17ページ

解答

①まだいかぶとに ②あんこうなべ
③ふろふきだいこん ④なまゆばのおすいもの
⑤ゆうあんやき ⑥えびしんじょ（う）
⑦さばのりきゅうやき ⑧くしぎんなん
⑨まつたけのどびんむし ⑩うなぎのかばやき
⑪くずもち ⑫パオズ
⑬ホイコーロー ⑭マーボーチェズ（ナス）
⑮チャーハン ⑯アンニンドウフ
⑰タンツァイ ⑱チンジャオロースー
⑲バンバンジー ⑳フーヨーハイ

※⑫〜⑳は外来語なので近い読みが書けていたら正解。

第6日 草花たちの名前、読んでみましょう

↓18・19ページ

解答

①たんぽぽ ②りんどう ③あじさい
④あざみ ⑤かたばみ ⑥さるすべり
⑦あせび ⑧いたどり ⑨いぐさ
⑩さぼてん ⑪からたち ⑫えにしだ
⑬じんちょうげ ⑭こすもす ⑮おおばこ
⑯けし ⑰しゃくなげ ⑱つわぶき

⑲わすれなぐさ　⑳きょうちくとう

第7日 教養として知っておきたい草花の名前

→20・21ページ

解答

①しゃくやく　②ぼたん　③ゆり
④せんだん　⑤あやめ　⑥かきつばた
⑦うど　⑧たで　⑨ごぎょう
⑩すずな　⑪すずしろ　⑫なずな
⑬はこべら　⑭ほとけのざ　⑮おばな
⑯おみなえし　⑰ききょう　⑱くず
⑲なでしこ　⑳ふじばかま

第8日 小さな生き物や魚の名前、漢字で書くと……

→22・23ページ

解答

①めだか　②こがねむし　③あげはちょう
④あかとんぼ　⑤かぶとむし　⑥かまきり
⑦しみ　⑧あめんぼ（う）　⑨あぶ
⑩おにやんま　⑪くわがたむし　⑫くも
⑬きりぎりす　⑭あり　⑮が
⑯なまこ　⑰ほや　⑱さわら
⑲このしろ　⑳かれい

※⑤「こうちゅう」、⑥「とうろう」でも正解。

第9日 ことわざや慣用句にされた動物たち

→24・25ページ

解答

①いのしし・いのこ　②うさぎ　③たぬき
④さる　⑤おうむ　⑥めじろ
⑦とび・たか　⑧う　⑨からす
⑩なめくじ　⑪こうもり　⑫どじょう
⑬むじな　⑭じゃ・へび　⑮たこ
⑯いたち　⑰とら・おおかみ　⑱きじ
⑲うなぎ　⑳かも

※⑦「とび」は、「とんび」でも正解。

第10日 新聞や雑誌の漢字はスラスラ読みたい

→26・27ページ

解答

①しんちょく　②しれつ　③ひじゅん
④みぞう　⑤かいり　⑥にょじつ
⑦はんちゅう　⑧そうへき　⑨がかい
⑩きゅうとう　⑪ちょうらく　⑫こうちゃく
⑬ひんぱん　⑭こうてつ　⑮しょうび
⑯せいきょ　⑰きしゅつ　⑱とうしゅう
⑲ほてん　⑳えっけん

第11日 まるごと覚えるしかない熟語の読み

→28・29ページ

解答

①ウ ②イ ③エ ④エ ⑤ア

⑥イ ⑦ウ ⑧ア ⑨エ ⑩エ

⑪ウ ⑫ア ⑬ウ ⑭ウ ⑮イ

⑯エ ⑰ウ ⑱ア ⑲ウ ⑳イ

第12日 読めたらちょっとかっこいいかも

→30・31ページ

解答

①ぜんじ ②かんすい ③ぜいじゃく

④しかん ⑤いしょく ⑥かたず

⑦そうくつ ⑧ひめん ⑨すいとう

⑩とっさ ⑪ちくいち ⑫ちょくせつ

⑬あいまい ⑭そち ⑮ざんじ

⑯しょせん ⑰あつれき ⑱ささい

⑲こうでい ⑳せんぼう

第13日 日本人の暮らしに深く関わる言葉

→32・33ページ

解答

①ドイツ ②ゆかた ③いぶき

④ひより ⑤オランダ ⑥ロシア

⑦さみだれ ⑧もさ ⑨あくび

⑩しろうと ⑪ゆえん ⑫ニューヨーク

⑬ヨーロッパ ⑭いたずら ⑮たそがれ

⑯やよい ⑰だし ⑱ふぶき

⑲ロンドン ⑳しぐれ

第14日 「大人《おとな》」と「大人《たいじん》」は似て非なるもの

→34・35ページ

解答

①しにせ ②しらが

③ざこ ④おもちゃ

⑤みやげ ⑥けさ

⑦ばいう・つゆ ⑧かがん・うおがし

⑨じょうず・かみて ⑩こうよう・もみじ

⑪きよみず・しみず ⑫おとな・たいじん

⑬はたち・にじっさい ⑭こんねん・ことし

⑮ついたち・いちにち ⑯きょう・こんにち

⑰さつき・ごがつ ⑱かめい・かな

⑲ににん・ふたり

⑳へた・したて（したで）

チャレンジ問題①
当て字や熟字訓

→36ページ

解答

①あまた ②すいぜん ③ほご ④ひょうきん
⑤るふ ⑥いんごう ⑦けんでん ⑧せいひつ
⑨あく ⑩ぼくとつ

解説

①「幾多（いくた）」との混同に注意。
②食べ物を欲しがってよだれを垂らす意味から、ある物を非常に欲しがることを表す。「すいえん」と読むのは間違い（慣用読み）。
⑦言いふらして世間に知らせること。「宣伝（せんでん）」との混同に注意。
⑧静かで落ち着いていること。世の中が穏やかに治まること。
⑩飾り気がなく、口数が少ないこと。

第15日 手書きのお便りは嬉しいけれど

→38・39ページ

解答

①×縁→縁 ②×侯→候 ③×爪→瓜
④×遺→遣 ⑤×布→巾 ⑥×勺→匂
⑦×遂→逐 ⑧×締→諦 ⑨×下→解
⑩×亡→乏 ⑪×速→即 ⑫×困→因
⑬×徴→微 ⑭×耀→躍 ⑮×嫁→稼
⑯×貸→借 ⑰×摘→敵 ⑱×味→昧
⑲×雲→曇 ⑳×薄→簿

第16日 いかにも正しそうな書き間違い

→40・41ページ

解答

①幼稚園 ②更迭 ③青二才 ④一見
⑤引率 ⑥波乱 ⑦意気地 ⑧目深
⑨歪曲 ⑩遺言 ⑪令夫人 ⑫余儀
⑬匹敵 ⑭貪欲 ⑮軒端 ⑯実施
⑰固有 ⑱採掘 ⑲細大 ⑳劇薬

※⑥「波瀾」とも書く。

第17日 侮どる？ 侮る？ あなどれない送り仮名

→42・43ページ

解答

①ア ②エ ③イ ④イ
⑤イ ⑥エ ⑦ア ⑧イ
⑨エ ⑩イ ⑪厳か ⑫厳しい
⑬試みる ⑭試す ⑮焦げる ⑯焦る
⑰和やか ⑱和らぐ ⑲著す ⑳著しい

第18日 仮名遣いが間違っているからかも……
↓44・45ページ

解答

①とうだい ②ほうる ③つづく
④はなぢ ⑤そこぢから ⑥まぢか
⑦みかづき ⑧こづかい ⑨かたづける
⑩てづくり ⑪みちづれ ⑫はっぴょう
⑬ちぢむ ⑭つづみ ⑮よこづな
⑯じしん ⑰じめん ⑱こおり
⑲なみきどおり ⑳もよおす

第19日 観賞する？ それとも、鑑賞する？
↓46・47ページ

解答

①鑑賞 ②観賞 ③収集 ④収拾
⑤追求 ⑥追及 ⑦追究 ⑧対象
⑨対照 ⑩対称 ⑪異議 ⑫意義
⑬異動 ⑭移動 ⑮制作 ⑯製作
⑰関心 ⑱感心 ⑲保証 ⑳保障

※③「蒐集」でもよい。

第20日 コンピュータの誤変換に気をつけよう
↓48・49ページ

解答

①確信 ②〇 ③指示 ④意外 ⑤慎重
⑥脅威 ⑦不朽 ⑧浸入 ⑨平衡 ⑩〇
⑪寛容 ⑫交換 ⑬〇 ⑭所要 ⑮精算
⑯銘記 ⑰所信 ⑱反攻 ⑲〇 ⑳既成

第21日 「潮の流れ」「塩の流れ」、正しいのは？
↓50・51ページ

解答

①臨む ②備えて ③潮 ④傷み
⑤勧めた ⑥〇 ⑦診て ⑧殖やす
⑨推す ⑩暑さ ⑪〇 ⑫温めて
⑬説いた ⑭負う ⑮〇 ⑯就く
⑰撮る ⑱裁つ ⑲載る ⑳〇

第22日 税金は、納める？ 収める？
↓52・53ページ

解答

①図って ②謀る ③諮って ④測って
⑤冒して ⑥犯して ⑦侵す ⑧変えて
⑨換えた ⑩遭って ⑪合わない ⑫務める
⑬勤めて ⑭努めて ⑮乾く ⑯渇いた
⑰収めた ⑱納める ⑲修める ⑳治めて

第23日 よく使う三字熟語、書き間違えていませんか？

→54・55ページ

解答

①先入観　②無分別　③度外視　④集大成
⑤一家言　⑥極彩色　⑦善後策　⑧間一髪
⑨金字塔　⑩試金石　⑪生半可　⑫千里眼
⑬急先鋒　⑭意固地　⑮真骨頂　⑯長広舌
⑰御利益　⑱殺風景　⑲不退転　⑳居丈高

※⑭「依怙地」、⑳「威丈高」も正解。

第24日 四字熟語をさりげなく使ってみたい

→56・57ページ

解答

①一喜一憂　②単刀直入　③起死回生
④順風満帆　⑤半信半疑　⑥試行錯誤
⑦意味深長　⑧本末転倒　⑨二束三文
⑩四面楚歌　⑪以心伝心　⑫優柔不断
⑬粉骨砕身　⑭適材適所　⑮初志貫徹
⑯針小棒大　⑰異口同音　⑱東奔西走
⑲千差万別　⑳呉越同舟

※⑲「千変万化」も正解。四字熟語の読みは次のとおり。
①いっきいちゆう　②たんとうちょくにゅう　③きしかいせい　④じゅんぷうまんぱん　⑤はんしんはんぎ　⑥しこうさくご　⑦いみしんちょう　⑧ほんまつてんとう　⑨にそくさんもん　⑩しめんそか　⑪いしんでんしん　⑫ゆうじゅうふだん　⑬ふんこつさいしん　⑭てきざいてきしょ　⑮しょしかんてつ　⑯しんしょうぼうだい　⑰いくどうおん　⑱とうほんせいそう　⑲せんさばんべつ　⑳ごえつどうしゅう

第25日 四字熟語は語彙力のバロメーター

→58・59ページ

解答

①一日千秋《いちじつせんしゅう》　②七転八倒《しちてんばっとう》　③千載一遇《せんざいいちぐう》
④晴耕雨読《せいこううどく》　⑤五里霧中《ごりむちゅう》　⑥驚天動地《きょうてんどうち》
⑦電光石火《でんこうせっか》　⑧一期一会《いちごいちえ》　⑨空前絶後《くうぜんぜつご》
⑩付和雷同《ふわらいどう》　⑪油断大敵《ゆだんたいてき》　⑫有名無実《ゆうめいむじつ》
⑬朝令暮改《ちょうれいぼかい》　⑭笑止千万《しょうしせんばん》　⑮大同小異《だいどうしょうい》
⑯大器晩成《たいきばんせい》　⑰流言飛語《りゅうげんひご》　⑱言語道断《ごんごどうだん》
⑲枝葉末節《しようまっせつ》　⑳羊頭狗肉《ようとうくにく》

※⑥「驚地動天《きょうちどうてん》」も正解。

チャレンジ問題② 三・四字熟語

→60ページ

解答

①馬　②兵　③和　④鏡・水　⑤味・燥

⑥然・若 ⑦余・折 ⑧土・来 ⑨横・尽 ⑩目・然

解説

①「下馬評《げばひょう》」で、世間の評判、第三者が行う批評。
③「日和見《ひよりみ》」で、有利な方につこうとして形勢をうかがうこと。
④「明鏡止水《めいきょうしすい》」で、心の平静を乱すものが何もない、静かで落ち着いている心境。
⑧「捲土重来《けんどちょうらい》」で、一度敗れた人が、再び勢いを盛り返してくること。「けんどじゅうらい」とも読む。
⑨「縦横無尽《じゅうおうむじん》」で、「自由自在」と同義。

※熟語の読みは次のとおり。
①げばひょう ②なまびょうほう ③ひよりみ ④めいきょうしすい ⑤むみかんそう ⑥たいぜんじじゃく ⑦うよきょくせつ ⑧けんどちょうらい ⑨じゅうおうむじん ⑩いちもくりょうぜん

第26日 熟語のあやふやな意味をはっきりさせたい

→62・63ページ

解答

①ア ②イ ③イ ④イ ⑤ア
⑥ア ⑦イ ⑧イ ⑨ア ⑩イ
⑪ア ⑫ア ⑬ア ⑭イ ⑮ア
⑯イ ⑰ア ⑱イ ⑲イ ⑳ア

第27日 ニュースの言葉の意味、理解していますか？

→64・65ページ

解答

①ウ ②オ ③エ ④ア ⑤イ
⑥キ ⑦ケ ⑧コ ⑨カ ⑩ク
⑪関税 ⑫経路 ⑬参画 ⑭発足 ⑮適用
⑯元号 ⑰参賀 ⑱宮内 ⑲提唱 ⑳所信

第28日 覚えておくと便利な対義語・類義語

→66・67ページ

解答

①客 ②無 ③縮 ④給 ⑤抽
⑥平 ⑦延 ⑧永久 ⑨任務 ⑩欠乏
⑪方法 ⑫失望 ⑬感心 ⑭短所 ⑮理由
⑯目標 ⑰所有 ⑱意外 ⑲健全 ⑳節約

第29日 文法の基本、品詞をおさらい

→68・69ページ

解答

①オ ②ア ③オ ④ウ ⑤エ
⑥エ ⑦ア ⑧オ ⑨ウ ⑩イ
⑪ウ ⑫キ ⑬ア ⑭イ ⑮オ
⑯エ ⑰コ ⑱ケ ⑲ク ⑳カ

第30日 小さいけれど大切な付属語の働き

↓70・71ページ

解答

①イ ②ア ③イ ④ウ ⑤イ

⑥ア ⑦ウ ⑧ウ ⑨ア ⑩ア

⑪ア ⑫ウ ⑬ア ⑭ウ ⑮ウ

⑯ア ⑰ウ ⑱イ ⑲ウ ⑳イ

第31日 大人らしい表現に言い換えよう

↓72・73ページ

解答

①イ ②イ ③ア ④ア ⑤イ

⑥ア ⑦ア ⑧イ ⑨ア ⑩イ

⑪ア ⑫イ ⑬ア ⑭イ ⑮ア

⑯ア ⑰ア ⑱ア ⑲イ ⑳ア

第32日 あるある、こんな言葉の間違った使い方

↓74・75ページ

解答

①ア ②イ ③イ ④イ ⑤ア

⑥イ ⑦ア ⑧イ ⑨ア ⑩イ

⑪しかつめらしい ⑫おざなりな

⑬○ ⑭力不足

⑮うかされる ⑯新規まき直し

⑰押しも押されもせぬ ⑱射ている

⑲○ ⑳青田買い

第33日 「頭痛が痛い」的な表現に気をつけよう

↓76・77ページ

解答

① 例 頭が痛い／頭痛がする

② 例 第一回／一回目

③ 例 古来／古くから

④ 例 各チームで／チームごとに

⑤ 例 過半数を占めた／半数を超えた

⑥ 例 あらかじめ申し込んだ／予約した

⑦ 例 あとで悔やんだ／後悔した

⑧ 例 約百人／百人ぐらい

⑨ 例 思いがけない出来事／ハプニング

⑩ 例 現状では／今の状況では

⑪ 例 最もよい／ベストな

⑫ 例 すべて任せます／一任します

⑬ 例 いまだ解決していない／未解決の

⑭ 例 慎重に考えます／熟慮します

⑮ 例 違和感を覚える／違和感を持つ

⑯ 例 まず／最初に

⑰例はっきり言える／明言できる
⑱例クリスマスイブ／クリスマス前夜
⑲例元旦／元日の朝
⑳例予期しない事態／不測の事態

第34日 モノによって数え方が違います

→78・79ページ

解答

①イ ②ア ③ア ④ウ ⑤イ
⑥ア ⑦イ ⑧ウ ⑨イ ⑩ウ
⑪本 ⑫画 ⑬尾 ⑭足 ⑮面
⑯粒 ⑰隻 ⑱首 ⑲膳 ⑳基

※⑬は「匹」、⑳は「台」でも正解。

第35日 ことわざ、生活に生かしていますか？

→80・81ページ

解答

①都 ②地固まる ③下暗し
④馬の耳 ⑤背に腹 ⑥井の中
⑦焼け石 ⑧出る杭 ⑨帯に短し
⑩人の為ならず

第36日 便利な慣用句、うまく使いこなしたい

→82・83ページ

⑪ケ ⑫シ ⑬ウ ⑭エ ⑮ア
⑯サ ⑰キ ⑱イ ⑲コ ⑳カ

解答

①イ ②ア ③ア ④イ ⑤イ
⑥イ ⑦ア ⑧イ ⑨ア ⑩イ
⑪ア ⑫エ ⑬ウ ⑭イ ⑮エ
⑯イ ⑰ア ⑱エ ⑲ウ ⑳ア

第37日 ぴったりの慣用句でぴったり表現しよう

→84・85ページ

解答

①口 ②満 ③馬
④歯 ⑤目星 ⑥拍車
⑦壺（つぼ） ⑧後ろ髪 ⑨汗
⑩二の足 ⑪泥を塗る ⑫長くして
⑬手が出る ⑭借りてきた ⑮得た魚
⑯つまされる ⑰よりをかけて ⑱持たない
⑲幕なし ⑳人後に

※③は「気」⑤は「足」⑥は「輪」でも正解。

第38日 慣用句を制する者は語彙力を制する

→86・87ページ

解答

①耳が痛い　②○
③猫の額　④手を焼く
⑤首をかしげる　⑥胸を貸す
⑦腹を探る　⑧○
⑨話の腰を折る　⑩鼻持ちならない
⑪舌つづみを打つ　⑫押せ押せ
⑬○　⑭愛嬌を振りまいている
⑮○　⑯上を下への
⑰間が持てない　⑱足をすくわれて
⑲取り付く島もない　⑳怒り心頭に発する

※④は「手を煩わす」、⑤は「頭をかかえる」、⑦は「腹を読む」でも正解。

チャレンジ問題③

慣用句

→88ページ

解答

①継いで　②矢が立った　③衣着せぬ
④見るより（も）明らか　⑤鼻をくくった
⑥一匹いない　⑦いとまがない

解説

①昼も夜も区別なく行うこと。
②神が人身御供《ひとみごくう》として望む少女の家の屋根に、人知れず白羽の矢を立てるという俗説が元。
③「衣」は「きぬ」と読む。
④本来は、悪い結果が予想される場合に使う。
⑤「くくる」は「こする」を意味する「こくる」の誤用が広まったもの。木で鼻をこすると痛みで不快な顔になることから。
⑦「枚挙」は「一つ一つ数え上げること」、「いとま」は「ひま」で、「一つ一つ数え上げるひまがない」という意味を表す。

第39日 基本をおさえれば敬語もこわくない

→90・91ページ

解答

①イ　②ア　③イ　④ウ　⑤ア
⑥ウ　⑦イ　⑧ア　⑨ウ　⑩ア
⑪ア　⑫ウ　⑬イ　⑭イ　⑮ア
⑯ア　⑰ウ　⑱イ　⑲ウ　⑳イ

第40日 特別な敬語で会話力アップ

↓92・93ページ

解答

①ア　②ウ　③ウ　④ア　⑤ウ
⑥イ　⑦ウ　⑧ア　⑨イ　⑩イ
⑪ウ　⑫イ　⑬イ　⑭ア　⑮イ
⑯ア　⑰ア　⑱ウ　⑲ウ　⑳イ

第41日 場面に合う敬語を使っていますか？

↓94・95ページ

解答

①例 お出かけになる／出かけられる
②例 なさいますか／されますか
③例 お迎えします／お迎えいたします
④例 申し上げる
⑤例 拝読しました／お読みしました
⑥例 ご満足になった／(ご)満足なさった／満足された
⑦例 おかけになって／お座りになって／お座り
⑧例 ご紹介します／(ご)紹介いたします
⑨例 ご欠席になる／(ご)欠席なさる／欠席される
⑩例 参る／うかがう
⑪例 参り／うかがい
⑫例 お話しになった／お話しなさった／話された
⑬例 いただきまして／頂戴しまして／賜りまして
⑭例 ご賛成になる／(ご)賛成なさる／賛成される
⑮例 ご覧になって
⑯例 お帰りになる／帰られる
⑰例 納得いたしました
⑱例 いただいたら
⑲例 ご活躍になる／(ご)活躍なさる／活躍される
⑳例 お目にかかる／お会いする／お会いいたす

第42日 その敬語、本当に正しいの？

↓96・97ページ

解答

①例 おりません
②例 いらっしゃいますか
③○
④例 おっしゃった／言われた
⑤例 お笑いになって／笑われて
⑥例 申し伝えて
⑦例 ご利用になる／(ご)利用なさる／利用される
⑧例 決断される／ご決断になる／(ご)決断なさる
⑨例 お聞きになって
⑩例 おっしゃった／言われた
⑪例 お会いになった／会われた

⑫例よろしいでしょうか
⑬例ご覧になって
⑭例召し上がって／お召し上がり
⑮例お聞きになりましたか
⑯〇
⑰例参ります／うかがいます
⑱例お読みになりにくい
⑲例お宅
⑳例社長の前川様／前川社長

第43日 敬語の使い方、間違っているのはどれ？

↓98・99ページ

解答

①ア ②イ ③ウ ④ウ ⑤イ
⑥イ ⑦ウ ⑧ア ⑨ア ⑩ア
⑪ウ ⑫イ ⑬ウ ⑭ウ ⑮イ
⑯ア ⑰イ ⑱ウ ⑲イ ⑳ア

チャレンジ問題④ 敬語

↓100ページ

解答

①例申します ②例いらっしゃいますか
③例申し訳ございません／申し訳ありません
④例外出しております
⑤例なさっていましたか／していらっしゃいましたか
⑥例承知いたしました／かしこまりました
⑦例部長の鈴木 ⑧例申し伝えます

解説

④外出しているのは、山本さんにとっては上司となる鈴木部長だが、お客様である佐藤さんへの敬意を表すため、謙譲語を用いる。
⑤約束をしていたのは佐藤さんなので、尊敬語を用いる。
⑧山本さんの鈴木部長への敬意ではなく佐藤さんへの敬意を表す必要があるので、謙譲語「申し伝えます」を用いる。

第44日 日本の衣服や住まいの言葉、読めますか？

↓102・103ページ

解答

①はんえり ②おびあげ ③たもと
④おびじめ ⑤おはしょり ⑥おたいこ
⑦たれ ⑧えもん ⑨はなお
⑩は ⑪らんま ⑫てんぶくろ
⑬とこのま ⑭かもい ⑮しょうじ
⑯なげし ⑰ふすま ⑱ちがいだな
⑲とこばしら ⑳しきい

第45日 年齢にも節目があります
↓104・105ページ

解答

①六十 ②還暦 ③七十 ④古稀
⑤七十七 ⑥喜寿 ⑦八十 ⑧傘寿
⑨八十八 ⑩米寿 ⑪九十 ⑫卒寿
⑬九十九 ⑭白寿 ⑮百 ⑯百寿
⑰弱冠 ⑱学 ⑲立 ⑳惑

※④「古希」でも正解。

第46日 冠婚葬祭の行事も大切にしたい
↓106・107ページ

解答

①ア ②イ ③イ ④ウ ⑤イ
⑥イ ⑦ウ ⑧イ ⑨寿 ⑩壱
⑪弐 ⑫参 ⑬拾 ⑭寸志 ⑮かいきいわい
⑯ごぶつぜん ⑰きんさんまんえんなり
⑱ふくさ ⑲のし ⑳みずひき

第47日 案外知らない俳句と短歌のこと
↓108・109ページ

解答

①ウ ②キ ③サ ④カ ⑤ア
⑥オ ⑦シ ⑧コ ⑨イ ⑩エ
⑪シ ⑫イ ⑬サ ⑭コ ⑮ア
⑯オ ⑰ウ ⑱ケ ⑲ク ⑳エ

第48日 有名な短歌や俳句はぜひ覚えておきたい
↓110・111ページ

解答

①オ ②キ ③エ ④カ ⑤ク
⑥ウ ⑦イ ⑧ア ⑨エ（カ） ⑩カ（エ）
⑪ア（ウ） ⑫ウ（ア） ⑬イ（オ） ⑭オ（イ） ⑮イ
⑯ウ ⑰ア ⑱カ ⑲エ ⑳オ

第49日 有名文学についての常識いろいろ
↓112・113ページ

解答

①カ ②ク ③オ ④イ ⑤ケ
⑥セ ⑦ウ ⑧ス ⑨ア ⑩ソ
⑪サ ⑫コ ⑬エ ⑭シ ⑮キ
⑯二葉亭四迷 ⑰夏目漱石 ⑱芥川龍之介

⑲太宰治　⑳川端康成

第50日 文学作品の冒頭、覚えていますか？

↓114・115ページ

解答

①イ　②ウ　③イ　④イ　⑤ア
⑥ア　⑦ウ　⑧ア　⑨イ　⑩ウ
⑪ク　⑫カ　⑬コ　⑭イ　⑮オ
⑯ア　⑰ケ　⑱キ　⑲ウ　⑳エ

第51日 「てふてふ」って、何と読む……？

↓116・117ページ

解答

①いにしえ　②わずかに　③なお
④すえ　⑤おりいて　⑥おば
⑦あずまじ　⑧おいいで　⑨なんじ
⑩かかく　⑪かんげん　⑫かろうじて
⑬ようよう　⑭うつくしゅう　⑮いたり
⑯いみじゅう　⑰しょうと　⑱ちょう
⑲なん　⑳ひんがし

第52日 奥深い古語の世界に分け入ろう

↓118・119ページ

解答

①ア　②ア　③イ　④イ　⑤イ
⑥イ　⑦ア　⑧イ　⑨ア　⑩イ
⑪イ　⑫ア　⑬イ　⑭イ　⑮ア
⑯イ　⑰イ　⑱イ　⑲イ　⑳ア

第53日 使ってみたい。雨や天候を表す美しい言葉

↓120・121ページ

解答

①エ　②ア　③イ　④キ　⑤ウ
⑥コ　⑦ク　⑧ケ　⑨カ　⑩オ
⑪ウ　⑫カ　⑬オ　⑭ア　⑮エ
⑯イ　⑰ウ　⑱エ　⑲オ　⑳ア

第54日 巷《ちまた》にあふれるカタカナ語、どんな意味？

↓122・123ページ

解答

①ア　②イ　③ウ　④イ　⑤イ
⑥ア　⑦ウ　⑧ウ　⑨イ　⑩ア
⑪エ　⑫ウ　⑬イ　⑭ウ　⑮イ
⑯ア　⑰エ　⑱イ　⑲ア　⑳ウ

チャレンジ問題⑤
古典文学の作者

→124ページ

解答

①コ　②ア　③ウ　④シ　⑤ク
⑥サ　⑦ケ　⑧イ　⑨キ　⑩エ

解説

①「源氏物語」、②「和泉式部日記」、③「枕草子」の作者。

⑥「方丈記」の作者。一丈四方（約3メートル四方）の庵で書いたので、この名がある。

⑨一昼夜に詠んだ句数を競う「矢数俳諧」という興行があった。

⑩「今様」とは、平安中期から鎌倉時代にかけて流行した七五調の歌謡。白拍子などによって歌われた。

チャレンジ問題⑥
カタカナ語

→125ページ

解答

①カ　②ケ　③ク　④オ　⑤イ
⑥ア　⑦エ　⑧ウ　⑨キ　⑩コ

解説

①「International Atomic Energy Agency」の略。

②「Do It Yourself」の略。

③人工衛星からの電波をスマートフォンやカーナビなどで受信することで、現在位置を特定するシステム。

⑤政府が行う開発途上国への資金や技術の援助のこと。

⑧「non - governmental organization」の略。主に国際的な社会問題に取り組む市民団体のこと。「NPO（Non-Profit Organization＝非営利組織）」との違いに注意。